WITHOUT LEADERSHIP TO A TEAM,YOU COULD
NEVER BE A SMART MANAGER

不懂带团队，你就自己累

秋泉 编著

吉林文史出版社
JILINWENSHICHUBANSHE

图书在版编目（CIP）数据

不懂带团队，你就自己累 / 秋泉编著 . -- 长春：
吉林文史出版社，2018.9
ISBN 978-7-5472-5242-0

Ⅰ.①不… Ⅱ.①秋… Ⅲ.①组织管理学—通俗读物
Ⅳ.①C936-49

中国版本图书馆 CIP 数据核字（2018）第 155300 号

书　　名　　BUDONGDAITUANDUI NIJIUZIJILEI
　　　　　　不懂带团队，你就自己累

编　　著　　秋　泉
责任编辑　　于　涉　高冰若
封面设计　　余　微
出版发行　　吉林文史出版社
地　　址　　长春市人民大街 4646 号　　邮编：130021
网　　址　　www.jlws.com.cn
印　　刷　　北京德富泰印务有限公司
开　　本　　880mm×1230mm　　1/32
印　　张　　8.5
字　　数　　190 千
版　　次　　2018 年 9 月第 1 版　　2018 年 9 月第 1 次印刷
书　　号　　ISBN 978-7-5472-5242-0
定　　价　　35.00 元

随着知识经济时代的到来，各种知识、技术不断推陈出新，竞争日趋紧张和激烈，社会需求也越来越多样化，使人们在工作和学习中面临的情况和环境极其复杂。这就需要进行团队作战，团队成员之间也要相互依赖、相互关联、共同合作，来解决错综复杂的问题，同时，成员之间还要行动协调，开发团队的应变能力和持续创新能力，依靠团队的合作创造奇迹。

美国加利福尼亚大学的学者做了这样一个实验：把6只猴子分别关在3间空房子里，每间2只，房子里分别放着一定数量的食物，但放的位置高度不一样。第一间房子的食物就放在地上，第二间房子的食物分别从易到难悬挂在不同高度的适当位置上，第三间房子的食物悬挂在房顶。

数日后，他们发现第一间房子的猴子一死一伤，伤的缺了耳朵断了腿，奄奄一息。第三间房子的猴子也死了。只有第二间房子的猴子活得好好的。

究其原因，第一间房子的猴子一进房间就看到了地上的食物，于是，为了争夺唾手可得的食物而大动干戈，结果伤的伤，死的死。第三间房子的猴子虽做了努力，但食物太高，难度过大，够不着，被活活饿死了。只有第二间房子的两只猴子先是凭着自己的本能蹦跳取食。最后，随着悬挂食物的高度增加，难度增大，两只猴子只有协作才能取得食物。于是，一只猴子托起另一只猴子跳起取食。这样，每天都能取得够吃的食物，很好地活了下来。

由此可见，众人拾柴火焰高，只有组成团队，互相协作，才能实现个人利益，创造集体利益。

那么，到底什么是团队？团队对一个企业而言，有什么用呢？

简而言之，团队是由员工和管理层组成的一个共同体，有共同理想目标，愿意共同承担责任，共享荣辱。

说到团队的作用，我们认为包括正反两个方面，即：如果能高效地管理团队，那么，团队就如一艘轮船，可以在海洋中纵横驰骋，到达目标的彼岸；如果不能有效地管理团队，那么，这艘行驶在海洋中的轮船，就可能会触碰冰山而沉没海底。

任何一个团队，不管是成功还是失败，都是有原因的，关键是看你如何管理这个队伍。团队的管理，说到底，其实就是人的管理。

市场的竞争、职能部门之间的竞争是动态的，管理必须应需而变。这就决定领导者和管理者必须学会管理人才、学会在工作中造就人才。管人重在掌控人心，即通过灵活运用各种策略，调动员工和下属的积极性和主动性，使他们创造出更多的价值和利益，促进企业或职能部门的进步和发展。IBM前总裁郭士纳说过："公司是人办的，管理公司就是管人。"这就要求，一个企业或组织的领导者和管理者不仅要学会识人、善于用人，更要懂得如何管人。

　　俗话说："人上百，形形色色。"不管是企业还是职能部门内部，都存在着各种各样的员工和下属，所以我们不能按照统一的标准来对待所有的人。领导者和管理者应对其下的人员进行全面的了解，合理掌控、适当引导、对待不同类型的员工和下属采取不同的管理谋略。

　　好马可历险，驽马可犁田，水平不同的人要派上不同的用场。只有这样，才能使其为团队发挥最大的效应和能量。

　　管理人才，也是对领导者和管理者管理能力的考验。是用制度管人，还是用人管人，要根据团队本身的情况善加抉择，必要时应双管齐下。一个团队要想实现组织目标，就必须有一套严格的规章制度，因为它是实现组织目标的有力保证。但规章制度的执行稍不留意就会伤人，因此领导者和管理者在实行严格的规章制度时，应贯穿一些理性和情感因素，刚柔并济，恩威并举，让员工和下属心悦诚服。成功的领导者和管理者，必定学会和掌握这项本领。

　　看看周围的世界，你会发现这样的现象，有的管理者，虽然意气风发地提出了团队未来几年的远大目标，但团队成员缺乏对目标的明确认识，劲儿总是不能使到一处；有的管理者，虽然耗时、耗力制定了严格的规章制度，却因为自己的一时心软导致制度被束之高阁；还有的管理者，抱着"有钱能使鬼推磨"的观点，设置了名目繁多的奖励措施，却没能换来员工的感激和尽心尽力的工作……让管理者头疼的情况简直不胜枚举。

　　在团队管理中，到底什么是最重要的，怎样才能让团队发挥出最大的功效？本书针对诸如以上的各种问题，做出了系统而全面的解答，希望能帮助管理者打造出一支高效的团队，同时，也希望能对管理者的进一步晋升有所帮助。

CONTENTS
目 录

第一章

开始带团队，你准备好了吗 // 1

越是有成就的人，态度越谦虚 // 3

将领导的角色融入教练的内涵 // 5

不在其位，不谋其政 // 9

分一些功劳给下属，"争"一些责任给自己 // 10

善知善用，扮演好伯乐的角色 // 11

信用是领导者最宝贵的财富 // 14

以身作则，成为下属学习的榜样 // 17

后继有人，才能保持长久生命力 // 20

培养得力的左膀右臂 // 22

传递正能量，提升影响力 // 25

第二章

目标清晰，团队才有奔头 // 29

著名的"手表定律" // 31

阳光聚到一点，才有足够热量 // 33

给下属的蓝图要有足够魅力 // 36

给总目标做出详细的规划 // 38

时间是实现目标过程最短缺的资源 // 41

先做最有把握的事情 // 44

发挥目标激励的诱导作用 // 47

第三章

团队需要的是干将，而不是庸才 // 51

通过外貌和言行识别人才 // 53

淘汰掉队者，保证工作高效进行 // 55

让志向远大的人加入团队 // 60

发掘团队中的"谦谦君子" // 61

知人善任，摒弃以偏概全 // 63

善于用人之长，也要善于用人之短处 // 68

鼓励员工举贤荐能 // 71

你敢不敢用比自己强的人 // 73

不避仇敌，委以重任 // 76

严格选人，不能萝卜白菜一把抓 // 78

第四章

团队责权分明才能人尽其才 // 81

在出现错误的关键时刻挺身而出 // 83

面对下属过错，三思而后惩 // 86

找准位置才能负起责任 // 88

小事处理不好，最终会坏了大事 // 90

物尽其用，人尽其才 // 92

为有能力的人搭建舞台 // 93

确保人岗匹配，提高运行效率 // 95

劳逸结合，统筹兼顾 // 97

提供科学规范的多重晋升通道 // 100

第五章

解决主要矛盾，团队才能走得远 // 105

让主动执行取代压力下的被动执行 // 107

抓住全盘中的主要矛盾 // 110

有功必赏，有错必惩 // 112

反馈工作中的因人而异 // 117

第一时间应对危机和突发事件 // 121

协调好企业的内外部环境 // 124

左手文化建设，右手制度建设 // 127

化敌为友，为己所用 // 130

挽留辞职中的关键员工 // 132

第六章

怎么说，员工才肯听；如何听，员工才肯说 // 137

批评要有客观依据，不可主观 // 139

下属更需要"留面子" // 140

重赏之下，必有勇夫 // 144

和年长的下属如何沟通 // 149

从沟通中发现和解决问题 // 152

当面交流才能洞见真心 // 155

在掌握分寸的前提下灵活表态 // 158

三思而后说，欲速则不达 // 159

沟通要换位思考 // 162

用最简洁的方式表明复杂的问题 // 165

打破等级壁垒，与下属平等交流 // 167

第七章

懂得合理授权，才不会自己累 // 171

发挥关键人物的榜样力量 // 173

建立科学决策机制，实行民主集思广益 // 176

试着用建议的方式下达命令 // 177

建立清晰的团队责任流程 // 180

别让打了折扣的执行成为发展的绊脚石 // 185

不要忽视身边的小人物 // 191

发挥众人所长，组成互补型团队 // 194

没有信任，授权形同虚设 // 196

利用感情投资，营造和谐氛围 // 200

培养危机意识，实现利益捆绑 // 203

第八章

树立领导威信，增强团队士气 // 207

消除阻碍团队沟通的等级观念 // 209

提高团队的抗压能力 // 211

千里之堤，溃于蚁穴 // 218

自卑是击垮团队强有力的武器 // 222

用热情打造士气高昂的团队 // 225

抚平扼杀团队业绩的怒气 // 228

身处逆境共渡难关，身处顺境共享成果 // 230

发挥团队中小圈子的辅导力量 // 234

让团队成员有归属感和使命感 // 239

第一章

开始带团队，你准备好了吗

越是有成就的人，态度越谦虚

越是有成就的人，态度越谦虚，相反，只有那些浅薄的自以为是的人才会骄傲。美国"石油大王"洛克菲勒说："当我从事的石油事业蒸蒸日上时，我晚上睡前总会拍拍自己的额角说：'如今你的成就还微乎其微！以后路途仍多险阻，若稍一失足，就会前功尽弃，勿让自满的意念侵蚀你的脑袋，当心！当心！'"这就是告诫人们要谦虚，尤其在稍有成就时应格外小心，严防骄傲。

大哲学家孟德斯鸠说："谦虚是不可缺少的品德。"古往今来，对人类做出重要贡献的各个领域的领导者，大都是谦虚谨慎的人。

1802 年 7 月 4 日，美国第三任总统托马斯·杰斐逊签署法令，宣告西点军校诞生。西点军校的学子认为，从杰斐逊那里可以学到许多东西。

杰斐逊出身贵族家庭，他的父亲是军中将领，母亲是名门之后。杰斐逊没有养成贵族阶层拥有的习气，而是主动与各阶层人士交往。他的朋友不乏社会名流，可更多的却是普普通通的员工、农民或者工人。他的长处便是善于从各种人那里学习，因为他知道每一个人都有自己的长处，都有金子般闪亮的东西。

杰斐逊的谦逊是建筑在深厚的知识基础之上的。在他那个时代，他知道的几乎比任何人都多。他的兴趣之广，令人惊赞。他搞过创造发明，写过书，发表新的见解并开创了很多领域中人类活动的新纪元。他还是一位农业专家、一位考古学家和一位医学家。人们对他发明的许多小器械，如一架誊写重要文件的机器、一个指示室内和户外气温的仪器、一张圆转桌和许多其他东西记忆犹新。毫无疑问，杰斐逊的渊博知识和他谦虚的好学精神是分不开的。

在古希腊的德尔斐神庙里，刻着一句传诵千古的话："认识你自己！"大哲学家苏格拉底给出了最好的诠释："我唯一知道的一件事情，就是我自己什么也不知道！"正是这种谦虚心态成就了苏格拉底深邃的哲学思想，遗泽至今。

一种最宝贵的美德，一切道德之母，就是谦逊；有了这种美德我们会其乐无穷。谦虚会使人类在精神上和物质上不断地提升与进步。在你到达成功的顶峰之后，你会发现谦虚真的十分重要，因为只有谦虚的人才能得到智慧。

谦逊这种品质对我们来说，意味着我们要养成正确看待自己的优缺点的习惯。你应该清楚，在自己优点的背后还隐藏着哪些弱点，然后尽力对其进行弥补。无论人家怎样夸奖你，你都要明白，你还远不是个尽善尽美的人。你要懂得，人们赞扬你，多半是希望你做得更好。如果你不再进行自我锻炼和自我教育，那就是一种自高自大的表现。我们应该让谦逊成为一种个人风格。骄傲是人类的宿敌，如果不战胜它，就会毁了我们自己。

一个人聪明、有才华是好事，但如果不能正确对待，可能会被聪明和才华所累、所误。相反，一个才能平平的人，如果能够谦虚谨慎，虚怀若谷，并且努力学习，也是能够提高自己的能力的。

就激情魅力而言，在 IT 界，马云绝对是一个标志性的人物，他所领导的阿里巴巴集团连续多年被《福布斯》杂志评为世界最佳电商平台。马云在对事业充满激情的同时，一直保持着一种罕见的理性，这不能不令人肃然起敬。在香港阳光卫视的一档访谈节目中，当主持人表示"马云很聪明"后，马云说："我觉得我真的不聪明。我从小读书、玩游戏都不如别的小朋友。别人把你当英雄，你可千万别把自己当英雄，那样可能麻烦就大了。英雄是别人说的，名气是别人给的……"要想改变自己的命运就要虚心学习。我们只有接受批评才能清除精神方面的一切渣滓，只有吸收他人的意见才能添加精神上新的滋养品。一个不自夸的人会赢得成功，一个不自负的人会不断进步。

　　人们对于新事物总有一个从无知到有知、由浅入深逐步认识的过程。人们对世界的认识和所要掌握的知识、技能是无限的，而一个人无论多么聪明，多么有才华，他的知识和本领也是非常有限的。所以，我们应该谦虚一些，多向别人学习。

智慧锦囊

　　谦逊这种品质对我们来说，意味着我们要养成正确看待自己的优缺点的习惯。你应该清楚，在自己优点的背后还隐藏着哪些弱点，然后尽力对其进行弥补。

将领导的角色融入教练的内涵

　　当今职场中，最受 500 强企业追捧的领导类型就是教练式领导。也许你会说，我做教练干吗？企业又不是竞技体育场，教练只需培养优秀的运动员就算成功，教练不用上场，但我所率领的企业或团队离了我一会儿都不行，我的下属能听我的吩咐、遵守规章制度就算称职了。

也许你还认为，栽培人非常不容易，担心教会徒弟饿死师傅。也许你还会想，把员工培养得很优秀，员工翅膀硬了会跳槽离开，甚至发展为竞争对手，我不是自讨苦吃吗……但是，时代在发展进步，我们应当与时俱进，好好思考一下领导这个概念的内涵。

换言之，转变为教练型领导，这已经是时代之呼唤、员工之心声。我们的事业越发展，就越需要强大的员工队伍。你一定认同这个说法：有多优秀的人，成就多大的事。那么，栽培员工，也就是栽培事业。这方面的付出是值得的，也是必需的。当你的员工一个个能在他自己的岗位上独当一面并创造性地开展工作时，这不正是你作为领导的成功吗？

教练型领导是高明的领导。这样的领导，话语不一定多，却能让员工有高涨的工作热情；这样的领导，不一定时时刻刻要手把手教授，却能让员工有进步；这样的领导，批评时未必大动肝火，却能让员工刻骨铭心；这样的领导，表扬时未必说着漂亮的言辞，却能让员工体味到进步的甘甜；这样的领导，允许员工犯错误，因为他知道失败是成功之母，员工需要在失败中成长；这样的领导，允许员工有自己的创意，因为他知道事业需要在创新中发展，人才需要在创新中成长；这样的领导，从不认为员工是完成任务的工具，他珍惜每一位合作者，相信他们有自己的能力和方法。这样的领导，即使不紧盯着员工，员工也会有工作的热情、创造的激情。这样的领导，是教练型领导，他和员工有着共同的事业，有着共同的追求，他们同舟共济、风雨相依。员工的努力，令他欣慰；员工的懒散，让他痛心。他不光盯着自己的事业、自己的战略目标，还关注员工的成长，他以人为本，更加关注人的感受、未来和命运。因此，他和员工已经成为一个整体，虽不是血脉相连，却能气息相通。这样的企业稳定性强、凝聚力强，虽也有摩擦，但不会像其他某些企业那样转瞬垮台，因为在这样的企业里，掌舵者有着高明的艺术。

但是，教练型领导毕竟还是领导。他依然是这家企业的灵魂，他有着强烈的进取心、明确的战略规划，他可以放下架子，却从来没有在企业的发展、员工的成长上放松；这样的领导，对员工可以宽容，却不会放纵；这样的领导，更加有威严，这份威严不仅来自他过人的智慧、坚定的目标、高尚的品德、成熟的经验、应变的能力，还来自沉默是金的厚重、胸有丘壑的城府；这样的领导，有着丰富的工作方法，对待不同的员工能因材施教、有教无类，他相信没有教不好的员工，只有不合格的教练；这样的领导，更加受人爱戴，这份爱戴来自他的善解人意、幽默和魅力，更来自员工对他悉心栽培的感恩，来自员工对他的极大的信赖。遇到这样的领导，员工会爱企如家，跳槽的概率会大大降低。即使某位员工最终选择了离开，也会对恩师充满敬重与感恩之情，不敢忘怀。他日相遇，热烈的目光、热切的握手，依然传递着厚重的感激之情。应该说，做领导做到了这个份儿上，显然是一种做人的成功。这样的荣幸，非教练型领导莫属。

要想成为教练型领导，你需要在以下几个方面有所提升。

1. 需要有大的气魄

"大风起兮云飞扬，威加海内兮归故乡，安得猛士兮守四方。"刘邦的《大风歌》总是能激励人的斗志。你相信，自己的企业一定会蒸蒸日上，自己的身后跟进着越来越多的猛士，兵强马壮是你成就大业的必需之物。要想成为一名教练型领导，必须有广阔的胸襟。

2. 需要有一颗博爱之心

你知道，每个生命都渴望成长，你愿意付出自己的努力来收获栽培的快乐并与他们共享荣光，你也相信所有的付出都会开花结果，虽然不一定在眼前、在当下。你总是相信善有善报恶有恶报，而且你还很豁达，即便有极少一部分人做不到知恩图报，甚至因为种种原因做出了恩将仇报之举，你也会淡然处之，微微一笑。

3. 需要具备高超的管理艺术

你不再像通常意义上的领导，凡事都要自己搞规划、定规章，员工只需照章办事即可；员工遇到问题来请示，你就要给出方法和答案。这种把员工看成机器人、看成小学生的做法，已经过时了。更好的做法是：相信员工的上进心和潜能，为他们提供良好的平台，给他们激励，给他们指点，为他们鼓掌，你的话不多，你的声音不大，你也没有故作威严，但是，你的企业充满活力、高效运转。

教练型领导是新型的领导。作为领导，让自己的角色融入教练的内涵，你才是一位顺应时代潮流的领导。老百姓常说："箍牛箍马容易，箍人难。"意思是说，给牛马上紧箍咒容易，想控制一个人难。今天的员工，大多数是"80后""00后"，有些甚至是"00后"，他们有着高度的觉悟、较强的个性，他们渴望被尊重，讨厌被控制，反感被命令。即使你见识过人、业务过硬，但若在他们面前摆出一副高高在上的领导架子，效果也不会好。只有像教练一样尊重他们、引导他们、激发他们，他们才愿意追随你进步。

智慧锦囊

员工渴望被尊重，讨厌被控制，反感被命令。只有像教练一样尊重他们、引导他们、激发他们，他们才愿意追随你进步。

不在其位，不谋其政

有些当老板的每天手忙脚乱，他的办公室里总是挤满了向他请示工作的人。这些人是他属下的各个部门的头头，他们把本该由他们自己去做决定的事，一股脑儿堆到了老板的桌上。而这位老板在逐一替他们做决定、拍板时，不但没意识到他已经是"思出其位"，是在替属下"谋政"，反而还沾沾自喜，认为这是属下对老板的尊重。他就不想想，如果事事都由他来做决定，他还设那么多部门并委派那么多部门头头干什么？

有句古语，叫"为治有体，上下不可相侵"。就是说，领导和下属，各有各的职责，领导应"不在其位，不谋其政"。事必躬亲，不一定把事情做好，还很可能挫伤下属的积极性。

孔子有两个做官的弟子，一个叫宓子贱，为单父县长，一个叫巫马施，接任宓子贱做单父县长。宓子贱做县长时，"弹鸣琴，身不下堂"而将单父治理得挺好。巫马施每天顶着星星出，顶着星星回，日夜操劳，才能勉强做好工作。巫马施就问宓子贱："你是怎么做的，我怎么就做不好？"宓子贱回答说："我是'任人'，你是'任力'。任人，就是发挥属下的积极性，让他们各尽其责；任力，就是自己包办一切，虽然辛苦，却未必做好事情。任人，就比较轻松；任力，就必然辛苦。"

好的领导者懂得让助手或下属积极地去做好他们各自的工作，而不是自己包揽一切，结果使自己疲惫不堪。同时，如果领导者事必躬亲也容易使下属养成依赖性，阻碍了他们发挥创意和成长。

领导者要警惕某些下属自觉或不自觉地玩的一种把戏：向上授权。就是他们或是为了减轻自己的工作负担，或是为了绕过难题，或是为了逃避责任，把本该由他们做的工作，像踢皮球一样踢给领导者。

智慧锦囊

领导和下属，各有各的职责，领导应"不在其位，不谋其政"。事必躬亲，不一定把事情做好，还很可能挫伤下属的积极性。

分一些功劳给下属，"争"一些责任给自己

在荣誉到来之前，有些管理者常常利用自己的领导地位挺身而出，当仁不让，似乎这样才能表现出自己的高大形象，才能说明自己的成功。殊不知，一个管理者是否真正成功，得看他手下的人是不是成功了，只有下属成功了，才表明你这个管理者也成功了。请记住：不要既想当裁判，又想当进球的那个人。

汉朝人张汤出身为长安小吏，却平步青云登上御史大夫的宝座，且深得汉武帝信任。这得益于他独特的行为方式。每当有政事呈上，武帝不满，提出指责时，张汤立刻谢罪遵办，并说："圣上极是，我的属下也提出此意见，我却未采纳，一切都是我的错。"反之，若武帝夸奖他，他则大肆宣扬属下某某点子好、某某办事利落。如此得到了手下人的爱戴。

然而，最难做到的是对下属让功，或公开表扬下属的才华功劳。管理者若有这样高的涵养，下属自会感恩图报。同样，当下属犯错，能挺身而出，承担责任，势必会得到下属的敬佩与爱戴。这是最高境界的管人方法。

管理者若只为私利，私自窃取下属的功劳，下属自然不会为你卖命效力。老子所谓：为而不恃，长而不宰，功成弗居。这就是劝诫领导要能容人，共享繁荣。

智慧锦囊

> 管理者如对下属让功，公开表扬下属的才华功劳，下属自会感恩图报。同样，当下属犯错，能挺身而出，承担责任，势必会得到下属的敬佩与爱戴。

善知善用，扮演好伯乐的角色

企业管理者要成为善用善任的伯乐，在众多的人当中发现千里马，要做到这一点，需要管理者持一颗公正平等的心，用不带偏见的眼光去看人，还需要有极强的分析能力，能够从一些不起眼的小事甚至几句交谈中看出对方的潜质，并迅速做出判断，看他是否能为自己所用。当然，管理者还要有过人的肚量，敢于重用比自己强的人。

作为杜邦公司总裁的皮埃尔·杜邦二世是一个善于发现千里马的人，他非常明智地将约翰·拉斯科布网罗进杜邦的人才宝库，并且给他提供充分发挥其才能的机会，使他心甘情愿地一直追随着皮埃尔，为杜邦公司的发展立下了汗马功劳。

拉斯科布是法兰西人，长得矮矮胖胖，看上去毫无过人之处。一次偶然的机会，杜邦结识了他，通过交谈，发现他头脑清楚，思维敏捷，分析问题有条不紊，而且能说会道，很适合做公关工作，于是皮埃尔请拉斯科布担任自己的私人秘书。

在工作中拉斯科布又显示出他处理财政问题的才能，皮埃尔马上用其所长，提升他为德克萨斯州有轨电车轨道公司的财务主管，不久又将之晋升为杜邦公司的财务主管。当杜邦公司买下通用公司后，拉斯科布随着皮埃尔来到通用汽车公司，在董事会执行委员会工作，并任该公司的财务委员会主席。

至此，他的才华开始引人注目，并成了美国证券市场上的风云人物。拉斯科布协助皮埃尔创建了杜邦证券经营公司、通用汽车承兑公司，为杜邦进军金融界，进一步向金融寡头发展立了大功。后来他还担任皮埃尔银行家信托公司、克蒂斯航空公司以及密苏里太平洋铁路公司的董事。1928 年，《美国评论之评论》杂志将拉斯科布称为"杜邦公司的金融天才"。

这一切，很大程度上归功于皮埃尔·杜邦对人才的善知善用。

在发现卓越人才后，应注意以下几点。

1. 倾听他的观点和建议

此举会大大增加他对管理者的信任以及对企业的归宿感，使他感觉到自己确实很受重视。为了有所表现，他必定更乐于创新。

2. 适度地赞美

在他有了出色的成绩时，应马上给予称赞和鼓励。如果表现出冷漠，有时会使敏感的他以为你是在嫉妒他。这样一来，他宁愿把创造性的建议藏起来，待有机会即另谋高就。

3. 交给他有挑战性的工作

卓越人才做事有点天马行空，但又经常会有出乎意料的成功。如果给了他富有挑战性的工作，他一定感到被看重而满怀工作激情。一方面管理者考验了人才的实力；另一方面得到了他的感激。

4. 帮助他学习

管理者不能将卓越人才的工作编排得密密麻麻，使他根本没有时间学习新事物。卓越并不表示万能，他也有不懂的事物。管理者要尽力帮助他学习，掌握更多的技能，这样才能为企业带来更好的效益。

5. 对他额外的贡献给予鼓励

一些实质性奖励是必要的激励手段。人才对企业有额外的贡献，如无特别待遇，动力自然会减弱，也可能导致他不再追求进步。

企业里如果出现表现卓越的人才，应立刻将其提拔到合适的岗位上，善加运用，因为一刻的犹豫即是损失一刻利益；因猜忌而把他视为平庸者，企业将由停滞不前而最终走向下坡路。

智慧锦囊

> 管理者要持一颗公正平等的心，用不带偏见的眼光去看人；要有极强的分析能力，从一些不起眼的小事甚至几句交谈中看出对方的潜质，并迅速做出判断，看他是否能为自己所用；要有过人的肚量，敢于重用比自己强的人。

信用是领导者最宝贵的财富

信守承诺是一个人成功的基本要件。只有这样，你才能够得到别人的信任和尊重，才能事半功倍。信守承诺，不仅是品格的体现，更是成功的保证。只有遵守自己的承诺，才会得到别人的尊重，并为自己赢得相应的信誉和机会。

美国运通公司首席执行官切纳特为有能力的领导人归纳了六个性格特征，第一个便是诚信。他认为这是构建真正领导力的核心原则。切纳特说："很多人把'诚信'理解为诚实。但诚实只是其中的一部分，诚信更多地体现在言行一致上。在你领导别人时，他们会要求你具有这种一致性。我希望人们有获胜的意愿，但是我希望他们通过自己的诚信获胜。"

有一次，美国企业家伍德到英国一所有名的高等学府演讲，一位商人通过演讲活动的主办者约他见面谈一谈。伍德答应演讲完了与他见面，时间大约是两点半，那位商人耐心地在这所大学的礼堂外面等候着。

演讲的时间到了，伍德兴致勃勃地走上讲台，为大学生们演讲，讲他的创业史，讲商业成功必须遵循的原则。不知不觉，已经到了与那位商人约定的见面时间。但显然，伍德已经忘记了这个约定。

正当他继续情绪高昂地演讲时，他的秘书悄悄地走上了讲台，递给他一张纸条，上面写着："您下午两点半有约。"

伍德一下子想起了与商人的约会，但他又立即陷入矛盾之中，一边是需要他启发并且向他们表达自己思想的大学生，他们是未来企业发展的动力，另一边则是一位名不见经传向他请教的小商人，但是他们事先已经约好了。伍德没有犹豫，他对大学生们说："谢谢大家来听我的演讲，本来我还想和大家继续探讨一些问题，但是我还有一个约会，现在已经迟到了。迟到已经是对别人的不礼貌，我不能失约，所以请大家原谅，并祝大家好运。"

在雷鸣般的掌声中，伍德走出了礼堂，在外面找到了那位商人，向他表示了歉意。他们之间的谈话非常成功，本来约定谈半个小时，他们竟然一直谈了两个多小时。后来，那位商人也成了一名大商人，他牵线促成了许多企业主与伍德的合作。

在商场上，我们都需要聪明，但绝不能缺少诚信。没有聪明，我们常常难以想到好的办法；但是，如果没有诚信，我们往往就会失去人们的信任。诚信是人生的命脉，是一切价值的根基。一个人想做成一件事，如果没有更多的条件可以依靠，那么就必须抓紧诚信，因为诚信能帮你把事情做成。商界的很多显赫人士，同时也以诚信闻名，这其中的奥妙是不言自明的。诚信让更多的人放心与你合作，也就带来了更多的机会。

领导者的特殊地位和自身的影响力要求做领导工作一定要谨言慎行，不可轻易许诺，以免失去部属的信任。言责自负，言必信、行必果是领导者的一种重要的品德素质。

连年获得"最佳外地在深圳企业"美称的深圳长炼总厂和深长石油公司都是著名企业，他们一直坚守着"重承诺、讲信用"的道德准则。有一次，深长石油公司向长炼总厂告急，各加油站汽油库存不足，请按合同准时运送汽油到深圳。长炼总厂接到告急电报后，计算了一下运油时间，发现已不能准时运到深圳，但为了维护合同，重承诺、讲信用，经过研究决定，就地用高价购买外商的汽油，以满足顾客的需求，高出的价格，由长炼总厂承担。这一举动获得了大家的信任与好感，从此公司一年四季顾客盈门，经济效益直线上升，外商石油企业也望尘莫及。

励志大师拿破仑·希尔指出，守信是至关重要的，从来没人能够想出一个可以代替它的东西。对于已经许诺了的事，就应该认真地对待，努力地去完成它。信用是财富，而且是最宝贵的财富。在这方面进行投资的人，会获得丰厚的回报。

曾有人问史玉柱，现在的领导者，哪一项素质至关重要？史玉柱回答说："是'说到做到'。你只要承诺了，几月、几日、几点钟做完，你一定要做完。完不成，不管什么理由，一定会遭到处罚。"

作为一名领导者，要激发员工的动力，就要自身守信，言行一致，兑现不了的事干脆不说，说出的话就一定要做到。尤其涉及员工切身利益的问题，更要讲信用。如企业的赏罚、奖金与福利待遇等制度，定出的就一定要执行；对培训、升迁等许诺，要说话算话。同时在员工权利、管理人员约束等方面，更要讲信用。

智慧锦囊

做领导工作一定要谨言慎行，不可轻易许诺，以免失去部属的信任。言责自负，言必信、行必果是领导者的一种重要的品德素质。

以身作则，成为下属学习的榜样

1942 年，"二战"进行得如火如荼。随着战争局势的变化，盟军与德军的战场逐渐转移到北非。盟军最优秀的将领之一巴顿将军意识到自己的部队可能无法适应北非酷热的气候。一旦移师北非，盟军士兵的战斗力就有可能随着酷热的天气而减弱。

战争不会随着人的意志而转移，摆在盟军面前的只有一条路：那就是适应。为了让部队尽早适应战场变化，巴顿建立了一个类似北非沙漠环境的训练基地，让士兵们在 48℃ 的高温下每天跑一英里，而且只给他们配备一壶水。巴顿的训练演说词就是："战争就是杀人，你们必须杀死敌人；否则他们就会杀死你们！如果你们在平时流出一品脱的汗水，那么战时你们就会少流一加仑的鲜血。"

虽然人人都意识到战争的残酷性，但酷热的天气还是让许多士兵暗地里抱怨不已。巴顿从不为训练解释，他以身作则和士兵们一样在酷热的环境中坚持训练。当士兵们看到巴顿每次都毫不犹豫地钻进闷罐头一样的坦克车中时，再多的怨言也只能变成服从。

显然，巴顿把自己当作一个普通士兵，在这个角色上，他以完美的职业军人精神树立了典范，起到了榜样作用。在巴顿的带头作用之下，整个军队的训练进行得非常顺利。

正是有了这样的训练，在随后的北非战场上，巴顿的部队迅速适应了沙漠环境，一举击败德军。企业也就是军队，领导者也必然是像巴顿将军一样，成为榜样，才能促进团队成长。

将帅无能累死三军。领导者若是一只羊，即便他领导的是一群狮子，也难以获得强大战斗力；领导者若是一只狮子，即便领导的是一群羊，它的团队速度也一定比别的羊群快很多。

戴尔公司作为全球第一大 PC 厂商，对于其创始人迈克尔·戴尔来说，他的事业做得这么大，公司发展这么好，还有必要努力提升和发展自己吗？很多人肯定认为不需要。事实上，迈克尔的态度却截然相反，他甚至会真诚地与全公司所有干部一起，讨论他在领导方面存在的问题。他把自己的不足摆在桌面上，成为大家学习的负面案例。对戴尔公司的所有员工来说，他是当之无愧的学习榜样。由于他的榜样作用，傲慢自大的领导风格、"没什么需要提高的"等言论在戴尔公司变得没有市场。

伟大的公司必然是一个积极的、开放的、沟通顺畅的组织，这些优秀的组织更趋向于积极地经营、管理和运用员工的天才和潜能。他们将许多精力放在识别员工的潜力方面，根据他们的个体差异，有针对性地培训，竭尽全力促进他们成长。更为重要的是，这些组织的领导者会以身作则，成为下属学习的榜样，使自己成为他们的火车头。榜样的力量是无穷的。

1949 年，惠普创始人之一、37 岁的大卫·帕卡德参加了一次美国商界领袖们的聚会。他在发言中说："对于一家公司而言，比为股东挣钱更崇高的责任是对员工负责。企业的管理层，尤其是企业的老板应该承认他们的尊严。"他认为，那些参与创造公司财富的人，也有权分享这些财富。年轻的帕卡德在如此高端的场合发表这种言论，很多人认为不合时宜，甚至一度引起商界前辈的嘲笑。

在那个老板总在私人办公室发号施令的年代，帕卡德的观点在当时的那些大老板眼里，即使算不上"神经病人的观点"，也充满了不可理喻的色彩。帕卡德后来回忆说："我当时既诧异又震惊，因为在场的人没有一个赞同我。显然，他们认为我是异类，而且没资格管理一家重要的企业。"

1949 年的惠普是企业新秀，在美国商业界引起瞩目。惠普的办公室文化更为引人注目。和他的观点一脉相承的是，帕卡德与惠普的工程师们一起，在开放式的工作间里办公。这是他尊重员工及下属的体现。他的理念是与人为友，让大家拧成一股绳子。他认为自己首先是一个惠普的人，其次才能是 CEO。在他的榜样作用下，惠普的管理层不仅为人谦恭，而且创造了一种奉献式的企业文化，这种文化日后成为强有力的竞争武器，使惠普公司的利润连续 40 年攀升。这就是领导人榜样的力量。

智慧锦囊

　　榜样的力量是无穷的，领导者要以身作则，成为下属学习的榜样，使自己成为他们的火车头。

后继有人，才能保持长久生命力

企业接班问题成为一种"危机"在中国企业管理界内蔓延甚至渐成趋势，于是，一个严肃的问题便摆在了当今企业管理者的面前：接班问题如何解决？怎样才能使中小型企业更加健康、有序地发展？

英国宇宙航行组织总裁奥斯汀·皮尔斯提出，要追寻有效的企业经营发展前途，企业的未来后继接任人选实在是相当重要的。公司执行主管应该将此提到与企业财务收支同样重要的层面上。后继有人，才能保持长久的生命力。这就是皮尔斯定律。

在知识经济时代，人力资本已经超出其他一切资源，成为决定企业经营成败的关键因素。对于一个健康、持续发展的企业来说，关键是要建立一套完善的组织机构和体系；而建立完善的组织机构和体系，其中的一个核心要素就是完善培养接班人制度。

培养接班人对一个企业的发展作用重大，它能保证企业拥有源源不断的后备人力资源，使企业的正常经营不至于因人员短缺而发生断裂；它能有效地降低甚至消除员工辞职或离职对企业经营造成的损失。同时，一个完善的培养接班人的制度可以让公司的员工感到自己享有公平提拔、升迁的机会，这对提高员工士气、激励员工努力工作、增加企业的凝聚力和向心力都具有明显的作用，从而为企业长远的、健康的发展提供人才。

通用公司CEO杰克·韦尔奇说过："高效的领导者都意识到，

对领导能力最后的考验就看能否获得持久的成功，而这需要不断地培养接班人才能完成。"

韦尔奇是这么说的，也是这么做的。在他65岁也就是在通用任职20年之后，他选好了伊梅尔特作为自己的继承人，很平静地完成了职位交接仪式。韦尔奇认为，他作为一个CEO，为企业选择自己的接班人是职责所在，他必须为企业的未来进行投资。只有这样，通用才能走得更远、更久。对于自己的退休，他说："我并不是觉得自己老了或是累了才决定退休的，而是我认为我在这个位置上已经待了20年了，这个时间太久，公司应该来一个新人给它一个重新的开始。我的成功，要是确实有的话，要由我的继任者在未来的日子里来决定。"

通用公司一向注重接班人的挑选和培养，公司有一套严格的选择接班人的制度，这被人们称为"采用系统方式选拔接班人"。这种制度在实行上大体是先提前几年拟出一个候选人名单，这个名单是保密的，甚至连候选人自身都不知道自己被纳入了候选名单。这以后，公司会密切注意候选人的一切动向，所有董事都会对候选人员进行考察和打分。正是通过这种方式，韦尔奇最终选择了伊梅尔特作为自己的接班人，而这个选择过程早在1994年就开始了。

韦尔奇经常不无自豪地说："这是一家由众多杰出人物管理的公司，而我的功劳，就是为公司物色到了这些杰出人士。"由于通用坚持一种系统的选人方式，公司内部人才云集。

同样，现代社会，任何一家企业的领导人，都要认识到企业的每个高层管理人员的管理生涯都是有限的，企业必须在关键领导岗位、在任者管理生涯结束之前的相当一段时间里，制订企业接班人计划，连续地准备后继领导人才，这样企业才能真正实现可持续发展。

当然，企业接班人的计划要从长计议，要用制度进行规范，不可临时抱佛脚，企业应有长期的人才培养计划——如何让接班人不断地经受锻炼？如何评价他们的成绩？如何让他们得到大家的认同？管理者要在这方面作精心的规划，要端正自己的心态，不要等到自己体力精力都透支时，才匆匆忙忙地考虑接班的事情。

智慧锦囊

高层管理人员的管理生涯是有限的，企业必须在关键领导岗位、在任者管理生涯结束之前的相当一段时间里，制订企业接班人计划，连续地准备后继领导人才，这样企业才能真正实现可持续发展。

培养得力的左膀右臂

俗话说"三个臭皮匠赛过诸葛亮"，一个管理者的能力是有限的，考虑问题也会有所局限，这就需要管理者发掘并培养自己的得力助手，以便有效地开展工作。那么，管理者如何去发现这个助手呢？

1. 培养一个能弥补管理者弱点的人为右臂

成为管理者右臂的条件，首先是这种人能弥补管理者的弱点。如管理者认为自己的财务能力较弱，应找一位懂行的人；如果认为自己的人事能力较弱，应找一位在这方面能力较强的人。总之，管理者和已成为管理者右臂的人，应该是相互取长补短的关系。

无论多小的公司，管理者都是一城之主，管理者与助手之间保持正常的人际关系是很困难的。有很多这样的例子：起初经理到处说他找到了一位非常可靠的人，可是遇到某件事后，又贬低说那人不行，只不过靠工资吃饭而已。

由此可见，能成为管理者右臂的人，必须与管理者的性格相投。好多人没有被人使唤或命令的体验，总为一点点小事就发脾气，认为别人没有把他放在眼里；自以为应由他做主的事，如果没有经他允许就格外生气。因此，作为管理者右臂的助手，必须是能理解管理者感情变化的人，而管理者也能在某种程度上加以自控，相互让步，才能很好地配合。

2. 培养一个能发挥管理者长处的人为左膀

成为管理者左膀的第一个条件是，能辅助管理者开拓经营最得意的领域。作为管理者右臂的人应能弥补经理的短处，而成为管理者左膀的人则是能辅助管理者发挥长处，或能代理管理者工作。管理者应将日常业务工作尽量委托给他干，自己腾出时间考虑公司将来的发展。所以，能成为管理者左膀的人，最好是能发挥管理者长处的人。

3. 通过下达特命事项，了解候选干部的潜力

对候选人员，管理者应该亲自下达特命事项，如此能了解候选人员的潜力。开始时某些管理者认为没有什么了不起的人，后来却崭露头角。相反，有些原来认为很优秀的人经过几次考验后，又觉得并不像想象的那样。也就是说，管理者对候选人员的任用应

该慎重。

通过执行特命事项，肯定会出现有潜力、崭露头角的人。这样的人哪怕只发现一个，也是很有好处的。如向他们下达特命事项，该人与管理者的交流机会自然会多些。通过这样的互相接触，该人在管理者的影响下，会不知不觉地成长起来。在育人方面最重要的是人格的影响力。这种影响力越大，育人的成功率越高。

如放任自流地等待，自然成长是不会成功的。有了相应的土壤，但不施肥是不行的。尤其对候选干部，必须有这样的设想：让候选人员明确目标，然后通过自己的努力和充分利用公司提供的各种机会成熟起来。

4. 第一标准是忠实

管理者的"化身"，就职务来说，是在公司里担任要职的人。选拔"化身"的标准是什么呢？根据各公司的不同情况和管理者的不同想法，各有不同。但作为一般标准，多数人都把"忠实"放在首位。

某公司的管理者同时培养了两个人作为自己的接班人，让他们互相竞争。A年轻，头脑敏捷，认为他是下任管理者的呼声很高。他本人也意识到了这一点，因而不时流露出自己是下任管理者的言行。B的头脑并不那么敏捷，可人很忠厚。他总是维护A的利益，从他平时的微妙言行中可以看出他也认为下任管理者就是A。但出乎意料的是，管理者挑选的接班人不是A，而是B。

原来，在选择A还是选择B的问题上，管理者费尽了心思，他认为如果选择A，公司会大踏步地实行经营改革，也许会发生意想不到的良好的变化，但如果遭到失败，结局也是惨痛的。如选择B，他为人稳重，公司不会有很大发展，但也不会因为经营失败而带来惨痛的结局。因此，最后他选择了 B。

作为领导者左膀和右臂，二者作用正好相反，两人之间的关系如搞不好，则难以合作。合作得好，就能成为好搭档；合作得不好，反而会制造麻烦。因此，成为管理者左膀的人，他的人品和性格相当重要。如果作为左膀者认为右臂比自己强就加以排斥，那就不好相处了。如果成为管理者左膀者保持谦虚的态度，支持右臂者的工作，事情就好办了。

智慧锦囊

能成为管理者右臂的人，必须与管理者的性格相投；而成为管理者左膀的人则是能辅助管理者发挥长处，或能代理管理者工作；而这二者的关系，又要融洽和谐。

传递正能量，提升影响力

一个一流的中层领导，必须自觉地提高自身素养，打造良好的个性魅力，树立正确的人生观与价值观，构建并传递正能量，以此彰显和提升自己的影响力。

"正能量"一词，原是物理学的一个专业术语。随着岁月的变更，时代的发展，如今已被广泛应用于人类社会生活当中。尤其在当今的企业界非常风靡，它传递出了一种鼓舞人心、拼搏进取的强劲力量。简单地讲，正能量就是指一切引发人们向上、给人以希望、促使人们不断追求进步的动力和情感。

任何一种正能量，都可以令人动容、感化人心、催人奋进，正因如此，它渐渐成为一种巨大而宝贵的影响力。在当今职场上，有一句流行语：一个人工作积极、精神向上会影响周围的人也积极向上。这其实就是正能量所散发出的积极效应。

在各行各业竞争日趋激烈的今天，中层领导以激发正能量来提升影响力已越来越为人们所重视。那么一个优秀的中层领导，除了要具备相关的业务知识和管理经验外，还应该从哪些方面激发和提升正能量呢？

1. 自信乐观，积极向上

一个自信乐观、积极向上的人，充满热情、怀抱希望与信念。这样的人就像是一个正能量磁场或一种气流，可以补充或改造四周较弱的负能量磁场。它还能吸引并增强小的正能量磁场，在遇到较强的负能量时，往往能起中和作用，使消极的影响力消退。所以中层领导善于激发和传递这种积极向上的正能量，必定有助于增强自身的感召力和影响力。

2. 求真务实，苦干实干

求真务实，苦干实干是一种精神状态，更是成功做事的前提。有这样一个故事：

一个哑巴在街头卖刀，他将几根铁丝置于案板上举起菜刀，一刀砍下，铁丝被齐刷刷地砍断了，哑巴继而向路人亮出菜刀，刀口丝毫无损。哑巴一句话都不会说，但是，不一会儿，他的刀就卖完了。

哑巴在用事实说话，所以即使他不能大声吆喝，也能把自己的菜刀卖出去。工作是干出来的，虚假的东西永远长不了。作为企业的中层领导要善于传递求真务实的正能量，用行动告诉大家工作是干出来的而不是说出来的。

3. 以信任促进良性循环

管理者和员工之间建立信任，是一个基于重复行为的循环过程。当管理者的行为值得信赖时，员工就会更加信任他们，进而鼓舞自己以更大的热情投入工作，并展现出较强的执行力。反过来，员工更加热情地投入工作，又会增进管理者对他们的信任。如此，会在团队内形成一个信任的良性循环。当然，这个循环的开端在于管理者通过自身行为向下属灌输信任。

4. 勇于负责，敢于担当

勇于负责，敢于担当，主要包括两层含义：一方面，要有大局观。中层干部要有大局意识、全局观念。在谋划工作时，要站在企业全局的角度考虑，把部门工作纳入全局工作思考。要坚决服从大局、服从全局，必要时牺牲局部利益来保全全局利益。另一方面，就是"在其职谋其政"，无论分管什么工作，都能独当一面，并且不扯皮、不推诿敢于承担责任。

5. 注意自己的言辞

为什么中层领导必须注意自己的言辞呢？因为中层领导是部门的领头羊，说出的话语在下属心中会打下烙印。如果稍不注意，信口开河的话，就容易被人误解。为了创造一个和谐的环境和氛围，说话就要特别注意，要讲团结，不臆断、不偏激，不讲不利于工作、不利于团结的话。

6. 拥有一颗感恩的心

身为中层领导，要懂得感恩才能拥有正能量。感恩是一种修养，是一种胸怀，是一种境界，它看上去很简单，但是知易行难。感恩作为一种正能量，如果将其在生活和工作中良好而积极地践行，会使人生变得更加精彩和美好，因为它能影响别人，让周围的人也能感受到感恩这种正能量的无穷魅力。

作为中层领导来说，挥洒和释放正能量，是构建自身魅力的载体，是彰显一流中层优秀素质的必备前提，更是提高自身影响力和感召力的关键所在。它能感染团队的所有成员充满自信、乐观向上、同心协力、积极进取、勇于面对一切困难和挑战，从而打造一支具有高效执行力的队伍，这对企业来说无疑是至关重要的。

智慧锦囊

作为中层领导来说，挥洒和释放正能量，是构建自身魅力的载体，是彰显一流中层优秀素质的必备前提，更是提高自身影响力和感召力的关键所在。

第二章

目标清晰，团队才有奔头

著名的"手表定律"

任何一个领导者，在工作中，都避免不了要制定管理目标，这也就是领导者区别于普通员工之处。而普通人之所以为普通人，通常是因为他们没有计划任何事情。很多人都没有具体的目标，所以当他们没有做出成就时，他们就会辩解道他们并没有真正失败，因为他们从未设定目标。这是他们比较体面而又没有风险的做法。

我们都知道这样一个常识，只有一块手表，可以知道时间；拥有两块或者两块以上的手表并不能告诉一个人更准确的时间，反而会制造混乱，会让看表的人失去对准确时间的把握。关于这一点，请看下面这个故事：

森林里生活着一群猴子，每天太阳升起的时候它们都会外出觅食，太阳落山的时候它们回去休息，日子过得平淡而幸福。

一名游客穿越森林，把手表落在了树下的岩石上，被猴子猛可拾到了。聪明的猛可很快就弄清了手表的用途，于是，猛可成了整个猴群的明星，每只猴子都向猛可请教确切的时间，整个猴群的作息时间也由猛可来规划。猛可逐渐树立起威望，当上了猴王。

当上猴王的猛可认为是手表给自己带来了好运，于是它每天在森林里巡查，希望拾到更多的表。功夫不负有心人，猛可又拥有了第二块、第三块表。但猛可却有了新的麻烦：每块表的时间指示都不尽相同，哪一个才是确切的时间呢？猛可被这个问题难住了。当有下属来问时间时，猛可支支吾吾，整个猴群的作息时间也因此变得混乱起来。过了一段时间，猴子们起来造反，把猛可推下了猴王的宝座，猛可的收藏品也被新任猴王据为己有。但很快，新任猴王面临了和猛可同样的困惑。

这就是著名的"手表定律"，又称为两块手表定律、矛盾选择定律。这一定律的深层含义在于：每个人都不能同时挑选两种不同的行为准则或者价值观念，否则他的工作和生活必将陷入混乱。

实际上，从事管理工作的领导者也应该从手表定律中获得某些直观的启发：任何组织与企业的目标管理，领导者都必须谨记：对同一个人或同一个组织的管理，不能同时采用两种不同的方法，不能同时设置两个不同的目标，甚至每一个人不能由两个人来同时指挥，否则一切将陷入混乱！

那么，领导者对管理工作该如何着手呢？

1. 找出正确的目标，统一管理。目标明确性，是企业发展战略的首要特征。目标明确，不仅是制定企业战略时"全局高于局部"的一般要求，更是今天的市场环境与金融危机这种特殊的形势对管理者的特殊要求。我们再以手表为例，如果有两块表显示时间不同，我们必须知道哪一块表才是正确的时间，因为只能有一个是正确的。同样，在管理工作中，领导者若想使管理工做出实效，就必须制定明确的目标，不可模棱两可。

做任何决定都要当机立断，不要被左右所影响，受过多因素的干扰反而会丧失判断力，导致决策失误。在面对管理中的众多问题时，要敢于放弃一块"表"，迅速做出决定。

2. 在绩效考核上，要遵循标准一致与稳定的原则，不可随意更改，否则，就会动摇"军心"，让员工对企业失去信心，对管理反而产生疑惑等。

3. 管理制度要对事不对人，即一视同仁，要做到"制度面前人人平等"。

4. 在管理运作方面，一定要遵守"一个上级的原则"。

每一个有志于从事管理的领导者，当务之急不仅仅是制定一份"目标清单"，而且是遵照既定目标，永不退缩，最终实现有效管理。

对同一个人或同一个组织的管理不能采取两种不同的方法，不能同时设置两个不同的目标。甚至每一个人不能由两个人来指挥，否则将使这个企业或个人无所适从。它的另一层含义在于：每个人都不能同时挑选两个不同的价值观，否则，他的行为将陷入混乱。

智慧锦囊

> 对同一个人或同一个组织的管理，不能同时采用两种不同的方法，不能同时设置两个不同的目标，甚至每一个人不能由两个人来同时指挥，否则一切将陷入混乱。

阳光聚到一点，才有足够热量

在时间的管理上，有个著名的聚光法则：只有把阳光聚集到一点，才能产生足够的热量把火炬点燃。

聚光法则认为，只有把有限的时间聚焦到重要的目标上，才能保证事业上的成功。目标过于分散等于没有目标，把有限的时间分散到众多的目标上，就像把有限的资金在众多的项目上撒胡椒面，最终只能导致每一个项目都虎头蛇尾、半途而废。如果把宝贵的时间投资都用来建设烂尾楼和半截子工程，最终将使你的时间账户彻底破产，导致你一事无成。

聚光法则对所有领导者的启示是：成功不允许你三心二意，你应该养成专注于执着的习惯，工作中，你要做到聚精会神、排除外界干扰，并且一次只瞄准一个目标。一项工作一旦启动，就要坚持不懈地干下去，直到获得令人满意的成绩为止。因为能否完成最后的工作，决定了一件事情最终的成败。很多人之所以没有成功，就是因为在完成了大部分工作后以为大功告成而转移了视线，最终导致工作的半途而废，也使宝贵的时间被白白浪费。

"凡事豫则立，不豫则废。"领导者在从事管理工作中，无论对于自己还是被管理者，都应该明确工作方向及工作目标，一定要清楚：工作的目的是什么？工作重点有哪些？要做什么？怎么做？希望达到什么样的效果？这样做之后是不是真的能达到想要的结果？俗话说"马壮车好不如方向对"，方向错误，再怎么努力都枉然。那么，根据聚光法则，领导者该如何从事管理工作呢？

1. 要专注于任务，也就是说"一次仅做一项任务"

在中国大多数公司，人们越来越忙碌。尤其是那些高层领导者其忙碌的情况，简直不可思议！除了众多的出差外，就是数不清的会议，工作负担越来越重，但结果却都是毫无贡献的居多。当然真正有生产力的也有，只是寥寥无几而已。其实，仔细分析原因，我们发现，他们同时专注的事情太多了，什么都想做，什么都想管，结果什么都做不好。因此，领导者自身要想提高工作效率，就应该从本质上消除"兼顾"的想法，一次仅做一项任务。

2. 懂得放权

每一个领导者都要问自己一个问题："我的主要任务是什么？"曾经有人这样回答这个问题，"我的工作是把最好的人才放在最好的位置上，将资金在最正确的地方做最佳的分配。我想大概就是这样：传递理念，分配资源，然后就可以撒手不管了。我的工作就是选出最棒的人，付给他们薪酬……"因此，公司管理层要学会授权，适当放权，一个优秀的管理者，如果能做到人尽其才，有效利用企业的人力资源，那么，这不仅能提升企业的竞争力，还能提高员工的工作效率。

马歇尔将军是一位伟大的领导者，在第二次世界大战时，他任美国陆军的参谋总长，在知人善任方面，堪称翘楚。他总共提拔了约有 600 人出任将官，其中几乎找不着一位庸碌之辈，而大多数人过去都没有带兵打仗的经验。每当讨论人事任命时，他的幕僚都会说："琼斯上校是我们最棒的教官，可是他的脾气粗鲁，也跟上司处不来。如果国会要找他前去听证，一定会弄得一塌糊涂。"但马歇尔会说："任务内容是什么？是分区军团的训练？假如他最擅长的是培训官兵方面，就给他去做，其余的事就让我来处理好了。"

这里，我们发现，马歇尔在授权上的精明之处在于将任务布置得简洁明了。所以，不要每一项决策都由领导者做出，完全可以授权的事不要自己去做，领导者要担当的角色是支持者和监督者。

俗话说："一心不能二用。"专注与执着是成事的关键。而工作中，有这样一些领导者，他们在管理中，总是谨小慎微、忙忙碌碌，他们以抄写发布的文书为重责，自尊自大，亲自去做那些微小琐碎的事情，干涉员工的工作，并不辞辛苦地去做员工的工作，以此显示自己的才能，却忽视了那些重大的、长远的事情。实际上，这些人就是不懂得管理之道的人，这样的工作方式多半也是效率低下或者无效率的。

智慧锦囊

领导者在从事管理工作中，无论对于自己还是被管理者，都应该明确工作方向及工作目标，把有限的时间聚焦到重要的目标上。

给下属的蓝图要有足够魅力

马丁·路德·金曾经说过："我有我的远见。"然而，远见如果只属于你自己，他人都陷在迷茫之中，没有人跟随你，你的目标也只能是目标而已。

1876年，年仅27岁的拿破仑担任了意大利军团的总司令，他受命去征服整个亚平宁半岛。当时的情况非常糟糕：部队没有统一的服装，建制不全，补给也时断时续，而政府除了一纸委任状以外什么也没有给他。于是，拿破仑面对他衣衫褴褛的士兵们发表了那个著名的演说：

"士兵们，在你们的前面，我们将越过阿尔卑斯山，我将带领你们进入世界上最肥美的平原，那里有你们无尽的荣誉和财富！"

拿破仑描绘的迷人前景曾让他的部队所向披靡。

现代领导学中，展示有足够魅力的蓝图给下属，也是一项有效的励志之策。

如果这个具体的理想或目标规划得生动鲜明而详细，部下就会毫无疑惑地追随。如果领导者不能为部下规划出具体的理想或目标，部下就会因迷惑而自乱阵脚，丧失斗志。同时，也要切记一点，不要把目标过分夸大，不切合实际的目标会让人怀疑你的目的，它甚至比没有目标更可怕。

领导确立远大的目标固然很重要，更重要的是你要把这个目标明明白白地告诉你的下属。让他们明白自己所处的位置与境况，充分发挥他们的主观能动性，集思广益，与领导一起为实现这个目标而奋斗。

在股市中，买过基金的人都知道，在选择基金的时候，除了看这支基金的以往业绩之外，还有一个很重要的原则，那就是看这支基金的经理是谁。因为他是你投资的具体操作者，与其说相信一支基金能赚钱，倒不如说信任基金经理的能力。

在某种程度上，领导者就如同一位基金经理，是他的美好蓝图让人们聚集在他的周围。那就要求我们的领导者明确地告诉每一位追随他的人，我们将给他们带来多大的收益，然后设法让他们相信你并与你一起奋斗不息。

总之，善于带领团队的人，能够将大家所期待的未来远景，涂上鲜丽的色彩。这远景经过他的润饰后，就不再是件微不足道的小事，而变成了一个远大的理想和目标。

智慧锦囊

> 领导要确立远大的目标，并且把这个目标告诉下属，让他们明白自己所处的位置与境况，充分发挥主观能动性，集思广益，与领导一起为实现这个目标而奋斗。

给总目标做出详细的规划

有什么样的目标就有什么样的人生，每个人都应该为自己树立一个符合实际的长远目标，同时，也应该为自己制定合适的分段目标，并逐一实现。这样做不但可以保证长远目标的实现，而且还可以提高我们做事的积极性。每一个分段目标的实现，都可以让我们在较短时间内看到成果，这对我们来说，也是最好的鼓励。

日本富豪孙正义在 19 岁的时候，曾给自己做了 60 岁以前的规划：20 多岁时，要在所投身的行业扎下根；30 多岁时，要挣 1 亿美元，赚下创业的第一桶金，这些钱要能做成一件大事情；40 多岁时，要选择一个非常重要的行业，然后把重心都放在这个行业上，并在这个行业中取得第一，公司拥有 10 亿美元以上的资产用于投资，整个集团拥有 1000 家以上的公司；50 岁时，完成自己的事业，公司营业额超过 100 亿美元；60 岁时，把事业传给下一代，自己回归家庭，颐养天年。

孙正义因为很早就明确了目标，用了十几年的时间就从一个不谙世事、一文不名的年轻人，成为闻名世界的大富豪。

古人言："不谋全局者，不足谋一域；不谋万世者，不足谋一时。"因此，人要善于制定目标，并且建立起一个目标体系，即发展过程中的远、中、近期目标，大目标之下要有各类中小目标，各目标之间还应该有很强的逻辑性和张力。

作为团队的领导者，不但要做好自己的人生规划，还要为下属树立远大目标，而且要学会把这个目标和实实在在的工作结合起来，让下属一步一个脚印地前进，踏踏实实地去实现目标。

并且，领导者要善于设置正确、恰当的总目标和若干阶段性目标，用以激发下属的积极性。设置总目标，可使下属的工作有方向，但如果仅有总目标，就会使人感到目标遥远和渺茫，可望而不可即，从而影响积极性的充分发挥。

举个简单的例子，在跑步的时候，如果毫无目标和计划地去跑，只能使人感到乏味，没跑多远就会使人感到十分疲劳。若是预先告知跑的距离，以及到达终点后的荣誉和奖励，自然会引起人的兴趣，使单调的跑步成为一种追求和享受。联系到具体工作，如果让下属参与制订工作目标和计划，让每个人了解个人在整体工作中的作用与影响，同样会使工作充满吸引力。

因此，团体中的管理者必须能确切地把握员工的期待，并且把期待变成一个具体的目标。大多数人并不清楚自己的期待是什么。在这种情况下，能够清楚地把大家的期待具体地表达出来的人，就是对团体最具有影响力的人。

日本战国时代的丰臣秀吉，是日本首屈一指的会激发别人干劲的人物。他最善于运用将目标缩小的技巧。

当年，清州城的城墙经历了 100 多年的风吹雨打，已破败不堪，急需修补。织田信长请秀吉来帮忙，秀吉告诉他："如果是我的话，只要三天就可以完成了。"

事实上，这句话并不是吹牛，因为当时修补工作已进行了一个月，只要用三天的时间进行善后，就可以把未完成的工作做完了。

秀吉首先将100段间隔的城墙分成50个部分，然后给每个负责人分两段间隔，并命令他们在三天之内，将所负责的两段城墙修补好。

如果从接受命令的人的角度来看，等于是将100段间隔的城墙突然减少到只有两段。原来听到要修补100段间隔的城墙，就觉得很烦，现在突然减少到每个人负责两个，当然会使他们产生干劲。因此他们夜以继日地工作，清州城墙终于在三天内修补好了。

在目标制定、分解时，目标的难度以中等为宜，目标的难度太大，容易使人失去信心；目标的难度过小，又激发不出人们应有的动力。只有"跳一跳，够得着"的目标才是最好的目标，因为这样的目标满足个人需求的价值最大。

只要有可能，我们就应该对自己所走的路进行详细的规划，分清阶段、划分步骤，认真计划每一步应该怎样走，每一步用多少时间，每一步达到什么目标，尽量清晰明白。有哲人说，成功的人生需要正确的规划，你今天站在哪里并不重要，但是你下一步迈向哪里却很重要。

智慧锦囊

要善于制定目标，并且建立起一个目标体系，即发展过程中的远、中、近期目标，大目标之下要有各类中小目标，各目标之间还应该有很强的逻辑性和张力。

时间是实现目标过程最短缺的资源

时间的供应是没有伸缩性的。不管需求有多么强烈，时间的供应就是这么多。它没法用价格来进行调节，也没法为它绘制边际效用曲线。另外，时日稍纵即逝，根本无法储存，昨天的时间已一去不复返了。所以，时间才是最短缺的资源。

时间失掉以后是完全无法补偿的。在一定的范围内，我们可以用一种资源来替代另一种资源。比如，用铜来替代铝，用资金来替代劳力，我们可以使用更多的智力，也可以使用更多的体力，但是没有任何东西可以替代已经失去的时间。

做任何工作都要耗费时间，时间是必须具备的一个条件。完成任何工作都要耗费时间。可是，绝大多数人都对这独一无二的、失去之后无法补偿的、干任何事情都不可缺少的资源不太当一回事。

但是，人在如何使用自己的时间问题上往往有许多不足之处。德鲁克曾举过这样一个案例：

一个公司的董事长十分肯定地对德鲁克说，他的时间大体上可以分为三个部分。1/3 的时间，根据他的感觉，是花在公司的高级管理人员身上的；另外 1/3 的时间是花在重要客户身上的；最后的 1/3 时间是用在地区社会活动中。德鲁克和他的助手后来用六个多星期的时间，对他的实际活动做了详细的记录，结果十分清楚：在上述三个领域里，他几乎没有花什么时间。

他自己也知道，应该把时间花到这些领域上去——记忆总是很帮忙的，它会告诉他已把时间花在上述这些事情上了。然而，实际记录显示：他把绝大部分时间都花在调度工作上了，随时了解他所认识的一些客户的订货情况，还为他们的订货不断地打电话给工厂。其实，这些订货中的绝大部分都进行得很顺当，而他的干预只会延误订单的落实。然而，当他的秘书拿着这份记录来到他的办公室时，他根本就不相信秘书所做的记录。在几次三番地看到了类似的记录之后，他才开始相信：关于时间的使用问题，记录要比记忆可靠得多。

成功学家卡耐基说过，只有善于把握时间的人，才能走向成功。

1976年冬天，19岁的迈克尔在休斯敦大学主修计算机。他是一个音乐爱好者，同时也有一副天生的好嗓子，对他来说，成为一个音乐家是一生最大的目标。因此，只要有空余时间，他就把它用在音乐创作上。

不久，迈克尔又找了一个名叫凡内芮的年轻人合作。凡内芮了解迈克尔对音乐的执着。然而，面对那遥远的音乐界及整个美国陌生的唱片市场，他们无计可施。

一次闲聊，凡内芮突然冒出了一句话："想象你5年后在做什么。"

迈克尔还没来得及回答，他又说："别急，你先仔细想想，完全想好，确定了再告诉我。"

迈克尔想了想，开始说："第一，5年后，我希望自己能有一张唱片在市场上发行，而这张唱片很受大众欢迎；第二，5年后，我要能天天与一些世界一流的音乐家一起工作。"

凡内芮听完后说："好，既然你已经确定了，我们就把这个目标倒过来看。如果第五年，你有一张唱片在市场上；那么第四年，一定要跟一家唱片公司签约；那么第三年，一定要有一个完整的作品，可以拿给很多很多的唱片公司听，对不对？那么第二年，一定要有很棒的作品开始录音了；那么第一年，就一定要把你所有要准备录音的作品全部编曲，排练好；那么第六个月，就是要把那些没有完成的作品修饰好，然后让你自己可以一一筛选；那么第一个月，就是要把目前这几首曲子做完；那么第一个礼拜，就是要先列出一个清单，排出哪些曲子需要修改，哪些需要完工。"

凡内芮一口气说完，停顿了一下，接着说："你看，一个完整的计划已经有了，现在你所要做的，就是充分利用时间，并按照这个计划去认真地准备每一步，一项一项地去完成，这样到了第五年，你的目标就实现了。"

说来也怪，恰好在第五年，迈克尔的唱片开始在北美畅销起来，他一天 24 小时几乎都忙着与一些顶尖的音乐高手在一起工作。

这个故事给我们的启示是：掌握时间，运用逆向思维，目标倒推，将时间完全置于目标中，会取得最大化绩效。

当今社会竞争激烈，很多人把时间浪费在没有用的争吵、抱怨、牢骚上，唯一缺少的就是管理自己的时间，致使工作毫无起色，人生平庸。卓有成效的管理者恰好与之相反，从掌握时间开始行动，向时间要效率和效益，并始终是时间的最大的受益者。

德鲁克在《卓有成效的管理者》中对时间有着极其精彩的论述："卓有成效的管理者懂得，时间是个限制因素。任何流程的输出量都会受到最紧缺资源的制约，而在我们称之为'绩效与成就'的这条流程里，这一制约因素就是时间。时间也是一种非同一般的资源。资金和人才都比较容易解决，然而，我们的确无法通过租用、雇用、购买或者其他手段来获得更多的时间。"

要说卓有成效的管理者与其他人有所不同的话，最大的区别就在于，他们对自己的时间十分爱惜并善于利用。

智慧锦囊

掌握时间，运用逆向思维，目标倒推，将时间完全置于目标中，会取得最大化绩效。

先做最有把握的事情

"先做最有把握的事情"是马化腾非常信奉的哲学，在创建与经营企业时，腾讯控股董事会主席兼 CEO 马化腾总是会非常小心地追问自己三个问题，而这"三问"充分地体现了马化腾的风险规避意识。

第一个问题是：这个新的领域你是否擅长？马化腾凭借对网络市场的朦胧却又颇具预见性的理解，用近乎偏执的兴趣以及近乎狂热的工作热情搭建起腾讯的架子，牢牢坚持以技术为核心的公司理念，对技术开发和质量提升极端专注，自然能够高出对手一筹。

第二个问题是：假如你不做，用户会有什么损失吗？做软件工程师的经历让马化腾清楚，软件开发的意义在于实用，他认为："其实我只是个十分热爱网络生活的人，知道网迷最需要什么，因此为自己和他们开发最有用的东西，仅此而已。"

第三个问题是：要是做了，在这个新的项目中自己拥有多大的竞争优势？QQ 最初仅仅是作为公司的一个副产品存在的，当时马化腾并没有认识到 QQ 所蕴藏的巨大市场价值。而且不管是从技术上还是资金上，他对自己到底能够保持多大的竞争优势没有把握。因此，腾讯采取了"三管齐下"的策略：第一是继续巩固传统网络寻呼系统所带来的巨大利润；第二是把更多的精力集中在改进 QQ 功能及开发新版本上；第三是寻求风险投资的支持。事实证明，这三种策略是对的。

不少业界人士认为腾讯的发展过于谨慎，要是腾讯的冲劲能更足一些，腾讯的规模会超过今天。对于这样的评论，马化腾承认在发展问题上自己确实显得较为保守。

如今的互联网市场变化太快，短短几个月的时间里就会出现许多新鲜事物，仅凭自己的主观来判断，就会使出错的概率增大。相比之下，倘若有"先行者"，就可以观察别人哪些地方做得好，哪些地方做得不好，之后再改进。然而，马化腾不想争第一。他觉得，新产品一出来就要保证稳定，不能想怎样改就怎样改，要谨慎。

马化腾每一次开展新业务之前，都要求相关人员（也包括他自己）自我反思这样一个问题——是否具备成功的条件，能不能做成？要是没有把握，马化腾宁愿不做。

业界甚至流传着这样一段调侃：马云是完全不看底牌、将自己的全部筹码压上的"豪赌"；马化腾则恰恰相反，每次都要看底牌，是精打细算的玩法。马化腾与马云的行事态度截然相反，二人形成了鲜明的对照。

然而也正是马化腾这种谨慎小心的行事作风，让腾讯能在短时间内发展壮大，也使得腾讯在很多新业务上少走很多弯路，这些都与马化腾的理念有着密切的关系。这一点从腾讯没有盲目跟随众人奔赴纳斯达克上市就可以看出来。

当初腾讯决定上市时，所咨询的顾问公司里有6家建议其在香港上市，有4家建议其在纳斯达克上市，还有3家建议其在两边一同上市，当时的马化腾面临着选择。从顾问的建议中不难看出，腾讯选择在我国香港上市无疑会有更大的把握。尽管香港上市公司的平均市盈率要低于美国，可是选择在我国香港上市无疑与马化腾的理念更相符。事实证明，这个选择取得了不错的效果。

2004年6月16日，腾讯正式在香港上市，股价也一直稳步上升，远高于在美国上市的网易及新浪。网易总裁丁磊也曾经公开表示过，准备炒一炒腾讯的股票。

在业务扩张这个问题上，马化腾也曾面临着巨大的压力。当时腾讯高层争论最激烈的就是从哪一种业务开始入手，高层观点都不一样，特别是在做电子商务、搜索，还是做门户的问题上分歧更大。当时的形势是微软旗下的IM平台MSN开始进驻我国，毕竟IM有着邮箱、游戏等其他业务所不可比拟的黏性，因而当时所有的互联网公司都在跟随微软的脚步纷纷向腾讯宣战，腾讯遇到了成立以来的最大挑战。

尽管在2003年电子商务有着巨大的潜力，做它无疑能够占据行业的制高点，但是它毕竟还只是一个新兴的业务，不太成熟；而做门户，马化腾觉得不管是从人才还是从用户方面考虑，都比电子商务更具有优势，因为这是我国互联网行业最为成熟的业务，因而做起来把握更大。

于是，马化腾挖来了曾经在网易及TOM担任过内容总监的孙忠怀筹建 qq.com，并同时推出游戏平台，主攻以棋牌类为主的休闲游戏。不到一年的时间，腾讯凭借着数以亿计的 QQ 用户储备，使 QQ 游戏的最高同时在线人数超过了 100 万，并一举超过联众成为我国最大的休闲游戏门户网站。qq.com 也只用了两年半的时间，就成了流量最大的中文门户网站。

俗话说，"欲速则不达"，在瞬息万变的今天，步伐稳一点，才会有更长远的发展。在变幻莫测的互联网行业中，马化腾正是坚持"先做最有把握的事情"这样的经营理念，腾讯才走得更远、更平稳。

智慧锦囊

在瞬息万变的今天，先做最有把握的事情，步伐稳一点，才会有更长远的发展。

发挥目标激励的诱导作用

福特汽车公司的老板亨利·福特生产著名的 V-8 型引擎时，决定要将 8 只汽缸铸造成一个整体，并命令他的工程师们设计这种引擎。设计的蓝图是画出来了，但是工程师们经过研究讨论后一致认为，要铸造一个 8 只汽缸的引擎是不可能的，福特却坚持说："无论如何也要设法生产出这种引擎！"工程师们同声回答："这是不可能的。"福特继续命令："继续去做，直到你们成功为止，不管需要多少时间。"这些工程师只好硬着头皮返回实验室继续去做。如果他们想在福特公司工作，他们只有做，别无选择。谁让福特是他们的老板呢。

6个月过去了，毫无进展。又6个月过去了，仍旧没有结果。工程师们试尽了各种可能的办法，以执行福特的这一命令完成任务。但是这件事似乎毫无实现的可能，他们的一致结论是"根本不可能"！在年终时，福特和工程师们进行讨论。工程师们再度告诉他，他们尚未找到执行命令的方案。"继续去做，"福特仍坚持己见，"我要这种引擎，我一定要得到它！"于是，工程师们继续去做。奇迹出现了，他们找到了诀窍，最终设计制造成了V-8型引擎。

设定目标是主管的责任之一，事实上也是首要责任。确立一个明确而具体的目标，让这个目标成为企业所有员工的共同目标，激发每个员工实现此目标的愿望，并紧紧围绕此目标展开工作，不可能就会变成可能，梦想就会变成现实。

索尼公司开发家用录像机时就是先给自己的人才寻找目标，后引导开发。当美国主要的电视台开始使用录像机录制节目时，索尼公司就看好这项新产品，认为完全有希望"打入"家庭。这种新产品只要从内部结构和外观设计上再进一步加以改良，肯定就会受到千家万户的欢迎。

一个新的目标就这样确立了，公司开发人员又有了努力的方向。他们先研究现有的美国产品，认为这些产品既笨重又昂贵，这是通过研究开发加以改进的具体主攻方向。新的试验样机就这样一台接一台造出来，一台比一台更轻盈、小巧，离目标也越来越贴近。但在感觉上，公司总裁井深大总是觉得没到位。

最后，井深大拿出一本书，放到桌面上，对开发人员说，这就是卡式录像带的大小厚薄，但录制时间应该在一小时以上。目标已经非常具体了。开发人员再一次运用已掌握的基础知识，结合应用科学，调动自己的聪明才智，进一步开发自己的创造力，终于成功研制出了划时代的 Betamax 录像机。

只有当人们明确了自己的行动目标，并把自己的行动与目标不断加以对照，知道自己前进的速度并不断缩小到达目标的距离时，其行动的积极性才能得以持续。因此，管理者应正确引导员工，帮助其明确目标任务，让员工在科学的目标诱引下，不断追求更大的进步。

目标激励是最大的激励，给员工一个值得为之努力的宏伟目标，比任何物质奖励都更具有鼓励作用，也比任何精神激励都来得有效。

领导者就要敢于向不可能说"不"，通过不断制定新的更高的目标来鼓舞士气。管理者必须通过设立一个能够激励人心的目标来让每个员工焕发工作热情，激发新的思考和行为方式为企业创造价值。目标是一个方向舵，它指引企业发展的方向。

智慧锦囊

　　管理者应正确引导员工，帮助其明确目标任务，让员工在科学的目标诱引下，不断追求更大的进步。

第三章

团队需要的是干将，
而不是庸才

通过外貌和言行识别人才

公司的竞争就是人才的竞争，人才是企业的根本，只要掌握了人才资源，企业才能做大做强。作为老板，必须慧眼识人，只有全面掌握了解了他人，才能挑选出最满意的员工，进而在竞争中占据有利地位。

观察一个人的外貌特征是识别人才的一个重要途径。生意场上，领导经常和各色人物打交道，面对许多陌生的面孔，很多领导依然能做到游刃有余。这其中的秘诀不言而喻：面孔反映了一个人的心理状态，而且随着年龄的增长，反映得更加清晰。脸就像是展示人物情感的显示器，将人的喜怒哀乐、欲望、目的全部表现出来。

同样，一个人的外貌也能泄露他们的才能，企业领导在为企业招聘时，除了按照既定的流程进行，不妨仔细观察应聘者的外貌特征，留心他们的言行举止，窥测他们的才干和品行。

清朝的曾国藩有着异乎寻常的识人之术。

一天他回到府邸时，看见大厅前站着三个年轻人。曾国藩得知这是李鸿章引荐的人才，于是在不远处悄悄驻足认真观察这三个人的外貌特征。只见其中一个人不停地观察屋内摆设，若有所思。另外一个年轻人则小心谨慎，目光低垂，规规矩矩地站在庭院中。第三个人相貌平平，却气宇轩昂，背着双手直视前方。曾国藩故意不前去理会他们三人，过了许久，前面两个人已站立不安，嘴里颇有微词，只有这第三个人依然气定神闲地欣赏周围的风景。

曾国藩回到房中，召见了这三个年轻人。在交谈中，曾国藩惊讶地发现，那个一直打量庭院摆设的人和自己的兴趣爱好颇为相似，言谈甚欢。而其他两个人则口才平平，那位欣赏风景的年轻人更是口不择言，频频说出一些让自己无法回答的话。谈完话后，曾国藩让三人回去，待他们离开之后，曾国藩吩咐手下给三个人安排职位。令人惊讶的是，曾国藩并没有对和自己谈得最投机的年轻人委以重任，只是给了他一个有名无权的虚职，那个很少说话的人则被派去管理钱粮马草。最令人不解的是，曾国藩却派那名冲撞自己的年轻人去军前效力，他还再三嘱咐下属，要多多培养照顾这个年轻人。

众人不解，曾国藩却道出了个中缘由："第一个年轻人在等待时，一直打量大厅的摆设，在与我谈话时，很明显地感受到他并不是真的懂得我的兴趣爱好，只是投我所好罢了。此人表里不一，左顾右盼，属于奸诈狡猾之辈，不能重用。第二个年轻人态度温和，拘谨有余，是小心谨慎之人，适合做文书工作。最后一个年轻人气度不凡，甚至敢冲撞显贵，并能不卑不亢地说出心中所想，是少有的人才。"

曾国藩的一番话说得众人连连点头，而第三个年轻人也不负曾国藩的厚望，在后来的征战中屡建奇功。通过大厅中三人的外貌和表现，曾国藩就辨识出了三人的性格特点，并据此用人，这是他几十年的阅历和经验所得。

通过一个人的面部表情识人，这是一门大学问。常言道，表情是内心的写照，很多人的喜怒哀乐全都表现在脸上。通过对别人面部表情的观察，领导能够窥探对方的心思状况，把握他的情绪变化尺度，了解一个人的性格特征。

此外，领导者可以通过一个人的穿着识人。喜欢穿着奇装异服的人有创造才能，内心有优越感；喜欢穿朴素衣服的人，做事讲究，循规蹈矩；喜欢穿华丽衣着的人内心十分自信，有独立意识，能独当一面。

最后，领导者可以通过一个人的言谈来识人。生活中有很多嫉妒心重的人，他们经常对别人品头论足，看不惯他人的所作所为，这样的人心胸狭隘，人缘不好，不能重用；有些人处事圆滑，懂得如何保护自己和利用他人，不肯让自己吃亏；有的人说话尖酸刻薄，自尊心强，经常抓住别人的毛病小题大做，他们有强烈的支配欲望。

一个人的外貌和言行，很大程度上反映了他的性格特点和做事风格，领导根据这些识人，在用人的路途上，可以少走一些弯路，避免不必要的损失和纷争。

智慧锦囊

> 一个人的外貌和言行，很大程度上反映了他的性格特点和做事风格，作为老板，只有全面掌握了解了他人，才能挑选出最满意的员工，进而在竞争中占据有利地位。

淘汰掉队者，保证工作高效进行

一个强大的团队，并非表面的一团和气。团队更像是一台高效运转的机器，要保证每个部件时刻都正常运转，而不能令其中一个部件懈怠，否则会大大降低这台机器的运转效率。

阮成在一家外资企业做财务主管已经两年了，他勤勉敬业，对待下属也很宽容，整个团队相当团结，他自认为工作做得风生水起。然而这一切随着迈克的到来，发生了彻底的改变。

迈克刚从美国调过来出任财务总监，是阮成的直接上司。一天，他径直走进阮成的办公室，对他说："销售部今天反映有个客户的发票没有开，这是怎么回事？"

阮成回答道："因为开发票的员工休假一天，不过没事，这样的小事我可以代劳。"

让阮成意想不到的是，迈克的语气竟然重了起来："阮，你什么都会做吗？财务部是不是只要你一个人就行了？你马上叫那个员工回来！"

面对迈克的质问，阮成无言以对，他一边在心里埋怨这个老外不近情理，一边拨电话。

电话倒是打通了，开发票的员工听说阮成让她回去，仅仅是因为一张发票，惊讶地叫道："老大，你没有搞错吧？就一张发票，你就帮我开一下，况且我人正在外地。"

阮成只得开好发票送到销售部，同时告知迈克事情的进展。

迈克点了点头，当阮成要离开时，他却一改刚才严厉的口气，温和地说："阮，我知道你很努力，但你只要做好你自己。那个员工也只要做好她自己，她早知道今天要请假，就应该事先做好安排，与销售部沟通好，但她没有那样做。"

迈克的语气虽然很温和，但他的话却深深地触动了阮成。

向左转，向右转，齐步走，踏步走，这些对人们而言再熟悉不过的队列口令，在正规的军事训练里是很严格的。在集体的队列行进中，只要有一个人失误或犯错，就会影响整个队列的行进及整齐。

一个团队经过较长时间的磨合，孰优孰劣已经见分晓，这个时候唯有淘汰部分掉队者才能让团队重新充满活力与生机。"生于忧患，死于安乐"，优胜劣汰是团队重焕生机的不二法则。

美国一个电视节目根据调查，总结出了团队生存法则，以下几种人是被淘汰的重点对象。

（1）团队中第一批被淘汰的通常是，要么有明显的缺陷，要么是刚开始就成了众人厌恶的说谎者。

对于前者，明显的缺陷使他根本无法适应今后艰苦的竞争，淘汰这样的人无论对他还是整个团队，都是明智的。对于后者，游戏刚开始众人就知道他在说谎，毫无疑问，说谎者永远不可能得到团队成员的信任。特别是如果一个人年龄明显偏大，又不能充分融入一个年轻的群体，离开是唯一的选择。

（2）团队中第二批被淘汰的人一般是，那些不愿与团队成员充分沟通和交流的人。

由于大家不知道这些人的想法，所以对与这些"不合群"的人合作没有信心。反之，完全可以想见的是，如果你工作能力差，但你愿意和其他团队成员充分沟通，你就有可能在沟通中"碰撞"出"灵感的火花"，从而为整个团队找到"好办法"，这样大家就知道你是有用的人，虽然可能做具体工作不太行，但你的地位至少在初期是稳固的。

（3）当不合群的人被淘汰后，接下来就是那些有能力为团队工作而又不肯工作，终日懒散而妄图坐享其成的"鸡贼"分子。

（4）居功自傲、藐视同僚的人将是团队初期的最后一批被淘汰者。

这种人认为自己有过出色的成绩，于是藐视同僚，把整个团队的竞赛看成个人英雄的表演。显然，作为团队的竞赛，这种人在初期是有用的，是不可能被淘汰的，而当整个团队开始进一步发展的时候，这种人便会成为整个团队的桎梏。

人们常说"铁打的营盘，流水的兵"，一个团队从小到大，既有不断加盟的优秀人才，也会有人陆续离开，这是十分正常的事情。

不少团队领导有建立末位淘汰制的强烈需求，事实上也在这样做，但却不能够对员工的工作制定标准并做出具体的要求，那么这样的淘汰即使勉强执行下去，也会出现问题，即该淘汰没有淘汰掉，不该淘汰的却被清理出了团队。

在实际管理中，从来没有一个最佳方案，只有适用与不适用。

自 2011 年以来，某公司开始实行末位淘汰制，年终对员工进行全方位的综合考核，按照 10% 的比例对员工进行淘汰。然而，在实际操作中，这家公司却遇到了一些问题：干活越多的员工，出错的概率越大；越是坚持原则的员工，得罪的人越多；这就使这两种员工的评分都很低，按照规定，只能淘汰他们。对此，员工们都有很大意见，认为如果这样下去，将没有人敢说真话了。在这种情况下，这家公司的末位淘汰制只能不了了之。

在淘汰员工的管理工作中，团队领导应该注意以下几点。

1. 提供必要的培训和机会

对无法胜任工作和业绩低下的员工，如果经过批评教育、工作培训、岗位调整后，仍然无法达到岗位和公司的要求，才能予以淘汰。即使员工在试用期内，也应证明其不符合录用条件才能解除录用。

淘汰之前，应事先准备好员工的业绩考核数据，只有在数据充分的前提下，员工才能接受被淘汰的事实，不致引起过激行为。

2. 尽量保护其自尊心

在淘汰员工时，只能对其工作业绩不佳进行评价，而不要对员工的性格、为人处世做出评论；领导尽量告知员工，并非他能力不够或自身有问题，只是他不适合团队目前提供的工作而已，在不适合自己的团队和工作上勉强待下去，只会增加双方的痛苦，不如另外寻找一份适合的工作。

3. 不宜全盘否定

每个员工都有自己的优缺点，很多员工之所以业绩低下，只是因为对自己的工作缺乏了解，从事着自己不擅长的工作，或是没有处理好团队内部的人际关系。因此，淘汰员工时不宜全盘否定员工，应尽可能保留员工的自信心，让他到别的企业就职时仍能保持较好的职业心态。这也是管理人性化的一个体现。

4. 注意淘汰比例

淘汰人数过多会影响员工的心态和工作积极性，员工会感觉受到了伤害，需要做很多工作经过很长时间才能恢复信心。

5. 做好前期沟通

团队领导必须与被淘汰员工做好先期沟通工作，人力资源部则做好淘汰员工的思想工作和安置工作，提出有说服力的证据，这样才不会出现措手不及的过激局面，被淘汰员工一般也能理智地对待淘汰之事。

6. 避免矛盾激化

在与淘汰的员工面谈时，团队领导应注意自己的身体语言、面部语言，并注意说话时的语气、措辞。因为这时员工往往特别敏感且易于被激怒，稍有不慎，便会造成双方之间的争执。

7. 尽量弥补经济损失

淘汰员工时，应尽可能为其争取离职补偿和其他经济利益，如有可能还可以为其介绍新的工作机会。

智慧锦囊

一个团队经过较长时间的磨合，孰优孰劣已经见分晓，这个时候唯有淘汰部分掉队者才能让团队重新充满活力与生机，才能保证每个部件时刻都正常运转，否则会大大降低工作效率。

让志向远大的人加入团队

陈胜当初为佃农时，虽然和其他佃农一样面朝黄土背朝天，但他有不同于一般佃农的远大理想和抱负。他说"苟富贵，勿相忘"时，也许并没有想到今后揭竿而起，去造秦始皇儿子的反。面对同伴的嘲笑，他只能长叹一声"燕雀安知鸿鹄之志哉"。他后来的举事尽管有其历史的偶然性，但是如果没有远大的抱负，这重任肯定也不会落在他的肩上。

胸怀宽广、志向远大的人，一定会有惊人的成就，因为一个人的胸怀与他的成就是成正比的。

具备了如此品性的人，也就具备了自信、勇气和力量，因而也有了成功的可能，成功就是他奋斗航程上看得见的航标。有了坚定、明确的目标，也就有了人生的动力。

　　管理者在识别、选择人才时，有必要在考察人才的学识、能力的前提下，再掂量掂量他的人生理想和目标。因为有坚定目标的人，其动力一定会高过其他人，工作学习起来会更投入更卖命，也会使他的学识能力不断提高。日积月累，水滴石穿，最终会表现出非凡的才能。由于这个进步过程的周期较长，在选用这类人才时要考虑到本单位或本公司的实际需要。

智慧锦囊

　　管理者在识别、选择人才时，再掂量掂量他的人生理想和目标，胸怀宽广、志向远大的人，一定会有惊人的成就，因为一个人的胸怀与他的成就是成正比的。

发掘团队中的"谦谦君子"

　　所谓君子，指人格高尚、道德品行兼好之人。庄子说过："君子之交淡如水，小人之交甘如醴。"君子之交应该是心与心的交流，是一种与天地共存的默契，如丝缕般交织在一起，他们不会因为利益而不顾情谊，会起到一种鞭策和监督的作用，而且有"滴水之恩当涌泉相报"的感恩之心，有宽广的胸怀。小人之交存在于利益关系上，酒肉吃完后，友情很快就会被遗弃，于是就有了争吵和谩骂。

相传在唐贞观年间，薛仁贵在没有得志前，与妻子住在一个破窑洞中，衣食无着落，全靠王茂生夫妇接济。后来，薛仁贵参军，在跟随唐太宗李世民东征时，因薛仁贵平辽功劳特别大，被封为"平辽王"。一登龙门，身价百倍，前来王府送礼祝贺的文武大臣络绎不绝，可都被薛仁贵婉言谢绝了。他唯一收下的是普通老百姓王茂生送来的"美酒两坛"。一打开酒坛，负责启封的执事官吓得面如土色，因为酒坛中装的不是美酒而是清水！"启禀王爷，此人如此大胆戏弄王爷，请王爷重重地惩罚他！"岂料薛仁贵听了，不但没有生气，而且命令执事官取来大碗，当众饮下三大碗，在场的文武百官不解其意。薛仁贵喝完三大碗清水之后说："我过去落难时，全靠王兄弟夫妇经常资助，没有他们就没有我今天的荣华富贵。如今我美酒不沾，厚礼不收，却偏偏要收下王兄弟送来的清水，因为我知道王兄弟贫寒，送清水也是王兄弟的一番美意，这就叫君子之交淡如水。"此后，薛仁贵与王茂生一家关系甚密，"君子之交淡如水"的佳话也就流传了下来。

正如欧阳修所说："君子与君子以同道为朋，小人与小人以同利为朋。"那些"甘若醴"的友谊大都经不起考验，所谓"酒肉弟兄千个有，落难之中无一人"，说的就是这个道理。

同样，在选择人才的时候，管理者也要善于发掘对自己和整个团队有帮助的"谦谦君子"。

智慧锦囊

管理者要吸纳"君子"到团队中来，因为他们不会因为利益而不顾情谊，会起到一种鞭策和监督的作用，而且有"滴水之恩当涌泉相报"的感恩之心，有宽广的胸怀。

知人善任，摒弃以偏概全

自古以来，历朝历代凡成就大业的领导者无不以"江山社稷用人为先"为准则，从而因用人而兴：齐桓公重用管仲，成就了一番春秋霸业；秦始皇任用韩非、李斯横扫六国，一统天下；刘备以"隆中对"识得诸葛亮，而得"三分天下"之势；朱元璋凭借自己的真诚感动了心如死灰的落魄士子刘伯温，使他终归自己帐下……伟大的成就来自正确用人。真正智慧的管理者在用人时有一个最大的特点：唯才是举，而不是根据个人的好恶。

某个公司老总想要招聘一名女秘书，在网上发出了招聘启事。随后，有很多人前来应聘。在翻阅应聘名单时，老总发现一个面试者和自己的女儿重名，不禁觉得和这个人十分有缘，于是内心不由自主地产生了偏爱。

应聘时，面试官和这个应聘者谈了五分钟。老总前来问询结果，面试官一脸抱歉地说，恐怕这个人不能被录用。老总不解，面试官说询问了她一个简单的问题：为什么会在上一个公司辞职。这个应聘者说，自己在上一个公司和领导之间的关系非常融洽，但和周围的同事相处不好，说了一大堆同事的坏话。面试官提醒老总，如果一个人连和同事的关系都无法处理好，进了新的公司照样无法和其他同事保持良好关系。

但是，老总却坚持己见，坚决要录用这名应聘者。该公司的试用期是两个月，这名应聘者在新公司只工作了半个月，就惹出了许多事情。老总觉得，如果给她换个工作，或许会有所转变。但是，尽管这名新员工换了工作岗位，依然无法在岗位上做出任何成绩，连和同事之间的人际关系都无法处理好。最终，这个人不但没做出成绩，反而给老总惹了一大堆麻烦，最终被辞退。

识人时不能仅从表面上判断一个人的能力。对此，诸葛亮曾经说过："有温良而伪诈者，有外恭而内欺者，有外勇而内怯者，有尽力而不忠者。"对于下属，老板在接触他们之前肯定会从外界间接地听到过某些议论，而这些间接得到的信息只能作为参考，不能把它当作评判的准确依据。想要彻底、全面地了解一个人，必须查阅他的全部工作经历。

另外，不能仅凭个人爱好看人。仅凭个人好恶、恩怨、亲疏看人用人，容易忽视一些德才兼备的人，而让一些庸才得以重用。这对管理工作来说显然是重大失误。

用同样的眼光看待每一位员工，也是不可取的。俗话说："世间众人，形形色色。"在这个世间中，每个人都是与众不同的，也都是独一无二的，有自己独特的闪光点。企业中也同样存在各种各样的员工，如果领导用同样的眼光去看待每个人，那就无法发现人才，更不能从中选取能手以助自己一臂之力。

在用人中，还存在一个问题，就是有很大一部分管理者通常会不自觉地抵触比自己优秀的人，倾向于选择比自己差一点点的员工为自己的下属。用比自己差的人不仅方便管理，并且非常安全。招聘下属以自己的好恶为衡量标准；提拔副手，同样喜欢找能力比自己差的人。

还有一部分管理者，习惯感情用事，看到与自己志趣相投的人，便不再注意这个人其他方面的素质，从而将其当成人才。这样做的结果往往是此管理者形成自己的"人才小圈子"，由于考核不到位，致使很多人"浑水摸鱼"进入团队，而真正适合的人才却被错过了。

只有极少数的管理者懂得知人善任的重要性，他们在用人过程中懂得识才重才，不以个人的好恶来看人，这样的管理者往往会得到下属的尊重和追随。例如，美国 IBM 公司的总裁小沃森就是这样的一个典范。

有一天，一位中年人闯进小沃森的办公室，大声嚷嚷道："我还有什么盼头！销售总经理的差事丢了，现在干着闲差，有什么意思？"

这个人叫汤姆，是 IBM 公司"未来需求部"的负责人，他是刚刚去世不久的 IBM 公司二把手柯克的好友。由于柯克与小沃森是对头，所以汤姆认为，柯克一死，小沃森定会收拾他。于是决定破罐破摔，主动辞职。

沃森父子以脾气暴躁而闻名，但面对故意找茬的汤姆，小沃森并没有发火，他了解汤姆的心理。小沃森觉得，汤姆是个难得的人才，甚至比刚去世的柯克还精明。虽说此人是已故对手的下属，性格又桀骜不驯，但为了公司的前途，小沃森决定尽力挽留他。

小沃森对汤姆说："如果你真行，那么，不仅在柯克手下，在我、我父亲手下都能成功。如果你认为我不公平，那你就走，否则，你应该留下，因为这里有很多机遇。"

后来，事实证明留下汤姆是极其正确的，因为在促使 IBM 做计算机生意方面，汤姆的贡献最大。当小沃森极力劝说老沃森及 IBM

其他高级负责人尽快投入计算机行业时，公司总部响应者很少，而汤姆则全力支持他。正是由于他们俩的携手努力，才使 IBM 免于灭顶之灾，并走向更辉煌的成功之路。

后来，小沃森在他的回忆录中说了这样的话："在柯克死后挽留汤姆，是我有史以来采取的最出色的行动之一。""我总是毫不犹豫地提拔我不喜欢的人。那种讨人喜欢的助手，喜欢与你一道外出钓鱼的好友，则是管理中的陷阱。相反，我总是寻找精明能干、爱挑毛病、语言尖刻、几乎令人生厌的人，他们能对你推心置腹。如果你能把这些人安排在你周围工作，耐心听取他们的意见，那么，你能取得的成就将是无限的。"

可见，做一个不以个人好恶为用人标准的管理者，是一种最明智的选择。人才与厂房设备等资源最大的不同在于人会思考、有感情。管理者只有知人善任，人才才会感恩图报。

"观其行，听其言，查看胸襟，观其修养。"从多个方面入手，通过多个方面的综合信息来评判一个人，才能准确地给一个人定位，做出合适的判断。作为老板，必须全盘掌握，做到全面了解，合理控制。只有这样，才能为自己的企业搜罗到合适的人才，创造最大的效益。

首先，领导者要有客观看待人才的平常心。识才最忌讳抱有主观成见，片面地看待人。主观色彩往往带有情感的偏差，扭曲人才的本来面目和真实形象。

其次，要全面地看人，才能真正走进对方的内心世界，准确判断其个性品质、能力水准。"盲人摸象"会有不同的结果，他们往往把局部当成了整体，犯了片面性错误。识别人才时更要注意这个问题，切不可像"盲人摸象"一样，以偏概全。

最后，要准确判断对方的心理诉求，确保与组织的职位匹配，从而发挥人才的最大潜能。现代人才与组织的关系是双向选择，企业选择人才，人才也在选择合适的岗位。因此，领导者在识别和录用人才的时候，不能一厢情愿，必须考虑到人才的心理诉求，了解其内心的真实想法。

孔子主张："赦小过，举贤才。"这就是说要从大的方面识才。人才的优劣要看大德，看他们在大是大非面前的态度，以德选才。识别人才要眼耳并用，但更重要的是要学会用脑，从本质上看待人才，透过表面，深入内心，认真地分析，去伪存真。只有这样，才能识别庐山真面目，看透一个人的本质。

领导想要真正地了解员工，并做到知人善任，不是一件容易的事情。经验表明，识别人才应尽量避免以偏概全，只有全面掌握每个人的能力和特性，才能更好地发挥众人的才能，并给予准确的指导。因此，领导者在日常管理中要擦亮眼睛，提高判断他人、鉴别他人的能力。

智慧锦囊

　　识别人才要眼耳并用，但更重要的是要学会用脑，从本质上看待人才，透过表面，深入内心，认真地分析，去伪存真。

善于用人之长，也要善于用人之短处

对于人才的标准，领导都能达成共识。比如说，工作主动积极，具有远大的志向，具有创新精神，具有顽强的工作作风。但是，在真正选择人才时，领导很快发现，人的个性是千差万别的，这些美好的品质很难集中在一个人身上。多数人具有工作所需要的某种优点的同时，也存在着一定的缺点，这使领导感到很为难。

人的成长受多种因素的影响和制约，必然有优点也有缺点，从一定意义上说，一个人如果没有缺点，也就没有优点。古代有一首歌谣唱道："骏马能历险，犁田不如牛；坚车能载重，渡河不如舟。舍长以就短，智者是为谋；生才贵适用，慎无多苛求。"

事实上完美的人是没有的，也正是这一缺陷考验着每一位领导用人的才干：一个不合格的老板，只会用人之短，而不会用之人长；一个优秀的老板，则会用人之长，而不过分关注人之短。

唐朝大臣韩晃有一次在家中接待一位前来求职的年轻人。此人在韩晃面前表现得不善言谈、不懂世故、脾气古怪。介绍人在一旁很是着急，认为肯定无录用希望，不料韩晃却留下了这位年轻人。韩晃从这位年轻人不通人情世故的短处之中，看到了他铁面无私、耿直不阿的长处，于是任命他"监库门"。年轻人上任以后，恪尽职守，库亏之事极少发生。

清代有位将军叫杨时斋，他认为军营中没有无用之人。聋者，可被安排在左右当侍者，可避免泄露重要军事机密；哑者，可派他传递密信，一旦被敌人抓住，除了搜去密信，也问不出更多的东西；腿瘸者，宜命令他去守护炮台，可使他坚守阵地，很难弃阵而逃；盲者，听觉特别好，可命他战前伏在阵前听敌军的动静，担负侦察任务。

全才难得，偏才易寻。企业领导不要把用人的目标局限在寻求全才上，而忽略了对偏才的使用和改造。其实，偏才的合理利用也能起到全才所不能起到的作用。一般说来，偏才有着鲜明的偏执方向。有的偏于言，有的偏于行，有的偏于谋，有的偏于干等，不一而足。

韩晃、杨时斋的用人故事正说明了短中蕴长的道理。在现代社会中善于用人之短的领导也大有人在。用人只要得当，扬长避短，偏才们又何尝不能起到全才的作用呢！

人之长处固然值得发扬，而从人之短处中挖掘出长处，由善用人之长发展到善用人之短，这是用人艺术的精华所在。有些公司领导，让爱吹毛求疵、不讲情面的人去当产品质量监督员，让一些喜欢斤斤计较的人去参与财务管理，让爱道听途说、传播小道消息的人去当信息员，让性情急躁、争强好胜的人去搞销售……结果，变消极因素为积极因素，大家各尽其力，公司效益倍增。

一位教师已经41岁了，刚从外地调回北京，一直没有找到对口工作。一家私营公司在众多应聘者中录取了他。与许多人相比，他回京后一直受失业困扰，如果录取他，他会很珍惜这次机会。年龄大点，反而更踏实，来个研究生说不定哪天就"飞"了。学历虽不高，但他吃过苦，有实践经验，进步不会慢。后来，他果然成为公司的业务骨干。

这位教师显然不是一流人才，从年龄、能力各方面来看都不尽如人意，但这家私营公司却破格录取了他，而他最后也真成了公司骨干。

用人之长、容人之短，是企业选人用人的一个重要原则。唐代陆贽说："若录长补短，则天下无不用之人；责短舍长，则天下无不弃之士。"

每个单位都有一些条件稍差的职员，管理者千万别把他们当累赘，只要把他们放在适当的岗位，他们就是人才，就是企业的财富。应当提醒的是，领导要注意对偏才进行教育和改造，磨磨棱角，使他们更能适应单位的要求。

改造偏才的棱角如同择菜一样，要弃其短处，扬其长处。管理者的高明之处，就在于长中见短，短中见长，无论长与短都能合理地安排他们，使各类人才优缺互补，相互协作，增强企业的力量。

实际上，长处和短处之间并没有绝对的界限，许多短处之中蕴藏着长处。如有人固执、不随和，但他同时必然是有主见，不会随波逐流的人；有人办事缓慢、不灵活，但他同时往往是有条有理，踏实细致的人；有人性格孤傲、我行我素，但他可能是个有创意的人。

智慧锦囊

管理者的高明之处，就在于长中见短，短中见长，无论长与短都能合理地安排他们，使各类人才优缺互补，相互协作，增强企业的力量。

鼓励员工举贤荐能

　　众所周知的微软公司，一直都很重视员工的招聘工作，主要领导参与招聘活动是微软的一大特色，从副总裁一直到比尔·盖茨等所有高级管理人员都要亲自参与。微软有自己的小算盘：如果高层人士对招聘漠不关心，那么其他人就更不会重视招聘工作，这会使人力资源部门在公司中处于无关紧要的地位，影响人力资源部门人员才能的施展，降低招聘工作的水平。

　　微软成立之初，公司的盈利全靠两位编程元老比尔·盖茨和保罗·艾伦。因此，所有新聘员工都必须配合好这两位创始人的工作。尽管微软 2003 年的目标是招 2600 名员工，但对于编程人员，人力资源部负责人说道："我们的做法还是像只有 10 个人的公司在聘用第 11 个人一样。"

　　另外，微软认为，员工参与是聘用到最合适的精英的关键，也鼓励员工举贤荐能。据《工业周刊》报道，微软约有 30% 的新开发人员是通过这种渠道聘到的。员工的推荐大约有 50% 都是很好的线索。应聘者经过招聘人员的预试之后，还要通过公司其他员工的面试。他们会要求应聘者演示专业技能，如编码等。有时还会出点脑筋急转弯的问题，如"美国有多少个加油站"等，但不一定都要答对。他们只是想了解这些人思考和解决问题的方式。

　　微软的员工对于面试非常重视，希望有一种方式能客观描述公司的期望。管理开发部门的南希说道："公司不同部门的经理采用的是市场上不同的招聘模式。结果，谁也闹不明白到底该用哪一种。因此我们决定开发一种适合我们经理独特要求的方式。"

在微软澳洲有限公司形成了一种以"才能"为基础的招聘模式。"这一工具使我们能够明确指出微软的战斗口号：我们需要工作勤奋、能用 30 种方法完成工作的聪明人。"罗碧介绍道。微软的每位经理都会同下属一起找出员工任职要求的 5 ~ 7 种才能，并就今后的行动计划达成一致，这样员工就能向着目标水平努力。他及他的前任也就是这样携手合作，帮他担负起微软马来西亚公司掌舵人的职责。

无论招人还是用人，微软向来不拘一格，形式是次要的，效果才是最重要的。微软公司在招收人才方面一向采取的重要方法就是聪明人推荐聪明人。比尔·盖茨号召公司所有杰出的人才将自己认识的能人推荐到微软来，微软不断敞开胸怀接纳这些优秀人才，而且给那些推荐杰出人才的聪明人以优厚的奖金。这种求才若渴的招人之策也只有像比尔·盖茨这样热爱人才的人才能想得出来。

据统计，微软雇用的员工，40% 是通过员工推荐的，因为聪明人了解聪明人，忠诚的员工会推荐最好的员工。"请你帮助提供顶尖的候选人，推荐适合我们岗位的人，可以是你自己认识的，也可以仅仅听说过他的名字。比如，你知道某个人发明创造过某项了不起的技术，听说某个人有'电脑怪才'的称号，请把他的名字寄给我们。"就是比尔·盖茨的主张。

为了把那些隐藏在世界各地的天才人物统统网罗旗下，微软公司实行了一个政策——推荐一个研究员、高级研究员和主任研究员，微软公司将奖励 3000 美元。

这个奖励政策对所有员工都适用。微软这一人事制度是以员工的信誉为保障的。任何人在推荐人选的时候，必须以自己的"信誉"为无形担保。滥竽充数之人，本身极难通过严格面试，就算众多考官全蔽，"三流"被当作"一流"引进公司，但事后一经发现，被立即辞退，推荐者的信誉也会受到牵连。所以，尽管公励所有人举荐亲朋，却没有人胆敢胡来。这项推荐制度的就是"举贤不避亲"。通过这样的层层把关，能够闯关夺魁定是优秀的人才，这些优秀人才构成了微软大业的核心层。

对于一个团队的扩充，我们也不妨学习微软公司这种不拘一格的方式。

智慧锦囊

员工和各层领导参与招聘工作，鼓励员工举荐优秀人才，不管是招人还是用人，不拘一格，形式是次要的，效果才是最重要的。

你敢不敢用比自己强的人

"海纳百川，有容乃大。"能宽容地对待部下，不仅使上下级关系更加亲密，而且确保了领导活动的全局利益。所以，领导者一定要有宽容的气量，要清楚领导者不必在各方面都要胜过下属。俗语说水涨船高，真正高明的领导者正是那些善用比自己强的人才的人。

从人的虚荣心和安全感方面来讲，很多人只愿意雇用比自己稍逊一筹的下属，而不乐意雇用比自己更聪明的人。敢不敢用比自己强的人，这恐怕是领导者在用人中对自己最大的考验，同样是新领导最容易犯错误的地方。

现在有些领导者之所以不用比自己强的人，除了怕这些人难以驾驭，甚至会抢了自己的饭碗之外，主要还是嫉贤妒能的心理在作怪。他们总以为自己是领导，自己应该是水平最高的，各方面都应该比别人高上一筹。因此，遇上比自己能力强、本领大的员工时，他们就会萌生妒意，采取种种办法压制这样的员工。

一个领导者，如果对比自己强的人不敢大胆任用，而是采取压制的方法不让他们发挥特长，那么许多专业人才就会被埋没，领导者的威信也会受损；反之，则更能服众，让下属心甘情愿地追随自己。

汉高祖刘邦平定天下以后，大宴群臣，对在场的文武百官说："运筹帷幄，决胜于千里之外，我不如张良；镇国家、安百姓，萧何都有万全的计策，我也不及萧何；统率百万大军、百战百胜，是韩信的专长，我不如也。这三位都是当世英杰，皆能为我所用，这才是我能得天下的原因。至于项羽，连唯一的贤臣范增都不能用，焉能不败？"

刘邦是很有自知之明的。他知道自己不是全才，也知道自己在很多方面不如自己的下级。他之所以能打败不可一世的楚霸王项羽，一统天下，是因为重用了一些在某些方面比自己能力更强的人，而且个个是尽其所能、用其所长，所以他才能在并不占优势的情况下战胜项羽，开创汉室江山。

电话的发明人贝尔，也是美国著名大公司贝尔电话电报公司的创始人，贝尔的成功就在于敢于用人，让人才当"老板"。

1879 年 7 月 1 日西部联合公司对贝尔公司展开了竞争，使贝尔公司陷入了困境。贝尔深知自己在经营管理方面并非强手，于是从另一个大公司聘请了西奥多·维尔来出任贝尔公司的总经理。维尔的经营管理是非常出色的。维尔认为：要达到自己的目标，必须争取群众，公司能否稳定发展，关键在接班人和领导层的素质上。他把精力重点放在对员工的训练和培养上，他心胸宽广，从不计较个人的名利。对反对过他的人总是宽厚相待，不摆架子，总能认真地听取别人的意见与建议。与手下人共商大计，鼓励他们提出不同意见。在维尔的出色领导下，贝尔公司挫败了西部联合公司的竞争，资本由 1878 年的 85 万美元变为 1885 年的 600 万美元。

如果贝尔不放权给维尔这样的管理强手，贝尔公司的命运也许就是另一种情况了。

对于领导者来说，嫉贤妒能无异于自掘坟墓。你不必样样都要比你的员工强，你要做的就是要用好这些比你强的人。让你的下属能够各尽其才，各显其能，为你的事业而奋斗。要敢于起用他们，他们的才华将铸就你事业的辉煌。

美国奥格尔维·马瑟公司的总裁奥格尔维有个习惯：每次一有新的经理上任，他都要送他们一件礼品——木娃娃。这件礼品意味隽永，大娃娃里有个中娃娃，中娃娃里有个小娃娃，小娃娃里有一张字条："如果我们每个人都雇用比我们自己小的人，我们公司就会变成一个矮人国，侏儒成群。但是如果我们每个人都雇用比我们自己高大的人，我们就能成为巨人公司。"前一句话与从大娃娃到中娃娃再到小娃娃的次序吻合，后一句话与从小娃娃到中娃娃再到大娃娃的次序吻合，聪明的经理一看就明白了。

对于一个领导者来说，容人之长不仅是事业的需要，也是应有的胸怀。只有做到对人宽宏大度，容人以德，才能感人肺腑，也才能吸引大批贤才。因此，对于尖子人才，对于能力超过自己的人，一定要热情扶持，破格使用，待遇也应适当提高，这样才能鼓励更多人才冒尖，充分发挥才干。

智慧锦囊

> 对于尖子人才，对于能力超过自己的人，一定要热情扶持，破格使用，待遇也应适当提高，这样才能鼓励更多人才冒尖，充分发挥才干。

不避仇敌，委以重任

历史上有许多杰出的领导者能够"不避仇敌而委以任用"，仔细分析，其实也很简单，还是回到用人的出发点上，只要是有德有才的人，就不应该因为一己私利而弃之不用，真正高明的领导者，要成就大事，完全不会去注意个人的恩怨和感情问题，他们的眼里只有"人才"和"无才"之分，而没有亲仇的概念。他们更为清楚的一点就是，如果能够放手使用原来敌对阵营的分子或与自己政见不合的人，是表现自己宽宏大量、公正无私、求贤若渴的最好时机，也只有这样做，才能广纳天下贤才。

　　这就是选人范围要宽。

　　唐朝建立后不久，唐高祖李渊的两个儿子李建成和李世民为皇位继承权展开了激烈的斗争。魏徵原是李建成的主要谋士，曾献策除掉手握兵权的李世民。李世民获悉后发动了"玄武门之变"，消灭了李建成的势力，魏徵作为李建成的余党被抓获。

　　按当时的惯例，应当把他处死并株连九族。但李世民并没有这样做。在审问魏徵的时候，太宗问他："你为何要为李建成出谋划策，与我作对？"魏徵毫无惧色，答道："人各为其主，可惜太子不听我的劝，否则今天的胜负尚未可知！"

　　李世民见他机警刚直，是个难得的人才，便不计前嫌，不仅没有治他的罪，反而任命他为谏议大夫。而魏徵也没有因为感谢不杀之恩而对太宗阿谀奉承，只是一心一意辅佐太宗治理朝政，并尽心尽力直言进谏，经常对太宗提出意见和批评，许多意见尖锐激烈，有时甚至把太宗弄得面红耳赤，在众大臣面前下不来台。太宗虽然有时很生气，但他完全明白魏徵的批评是出于一片忠心，是为了维护江山社稷的长治久安。因此太宗十分器重魏徵，并在一次酒宴上公开表扬魏徵："贞观以来，尽心于主安国利人，犯颜正谏，匡朕之违，唯见魏徵一人。古之名臣，何以如此。"随即解下佩刀赐予魏徵。

　　领导者选人时，在范围上要秉承宽厚的原则，要任人唯贤，不能计较个人恩怨，做到"内举不避亲，外举不避仇"。古代帝王在选拔官员的时候唯一的标准是这个人是否有能力，在其位是否能最大化为国家利益服务。如果满足这个条件，仇人也可以举荐，亲生儿子也可以举荐，直属的下级也可以举荐。

在用人上，完全弃用仇敌固然不可取，完全信用仇敌也是不明智的，历史上有许多事例都证明，领导者不加审查，随意招降纳叛，结果招进来的所谓"人才"不但不予感激，反而尽展阴谋诡计，毁掉了自己苦心经营的事业。可见，"外举不避仇"的用人谋略，其根本出发点就是有利于自己的事业。只要有利于事业，即使是再仇恨的人，也能以诚相待，邀其加盟，为自己的事业发挥作用。否则，即便他才能世间无双，也坚决不能吸收到自己的帐下。

所以，在运用"不避亲仇"的谋略时领导者还需注意的一个问题是：在考虑所谓的"仇""敌"时，要考虑到对方是否人品出众，是否有才有能，用了他对于自己是利是弊，等等。

智慧锦囊

领导者选人时，在范围上要秉承宽厚的原则，要任人唯贤，不能计较个人恩怨，做到"内举不避亲，外举不避仇"。

严格选人，不能萝卜白菜一把抓

有一篇著名的寓言：

一个人惧怕锋利的剃刀，为了不使自己的脸面受伤，就用一个很钝的剃刀来刮胡须，结果，不但胡子没有刮干净，还刮得满脸是血。他最后写道："世上好多人也是用这种眼光来衡量人才的。他们不敢使用一个真正有价值的人，光收集了一帮无用的糊涂虫。"

现代的领导者，应该从这个极富哲理的寓言中获得启迪。

日本企业在选人方面绝对可以说是费尽心机，因为他们懂得选人的要义：只有选得严格，才能用得准确，提高管理能力，从而收到预期的效果。日本企业的员工，之所以工作起来充满激情，首先就得益于企业选人有道。日本一家拉链厂为了选派一个车间主任，厂领导先后同应聘的十余位候选人交谈，初步选中一个后，又把他放到好几个科室去分阶段试用，试用合格后才最终留下来。

美国国际商用机器公司，是世界著名的高效能企业，该公司领导自称花在人事方面的精力比任何方面都多。该公司的销售代表史蒂夫说："我曾与许多大公司负责招聘的人洽谈过，但是没有一家像国际商用机器公司问得那么详细，在他们决定录用我之前，至少有十几个人和我谈过话。"可见该公司选人之严。

日本电产公司在选人时标新立异，充分显示了"严"的手段。

该公司招聘人才主要测试3个方面：自信心测试、时间观念测试和工作责任心测试。

自信心测试时，他们让应试者轮流朗读或讲演、打电话。主考官根据其声音大小、谈话风度、语言运用能力来录取。他们认为，只有说话声音洪亮、表达自如、信心百倍的人，才具有工作能力和领导能力。

时间观念测试是看谁比规定的应试时间来得早就录取谁。另外，还要进行"用餐速度考试"。如他们通知面试后选出的60名应试者在同一天到公司进行正式考试，并说公司将于12点请各位吃午饭。

考试前一天，主考官先用最快的速度试吃了一碗生米饭和硬巴巴的菜，大约用 5 分钟吃完，于是商定 10 分钟内吃完的人为及格。应试者到齐后，12 点整主考官向大家宣布："正式考试于 1 点钟在隔壁房间进行，请大家慢慢吃，不必着急。"但应试者中最快的不到 3 分钟就吃完了。截止到预定的 10 分钟，已有 33 人吃完饭。公司将这 33 人全部录取了。后来他们大都成为公司的优秀人才。

工作责任心测试是让新招的员工先扫一年的厕所而且打扫时不用抹布刷子，全部用双手。在这个过程中把那些不愿干或敷衍塞责的人淘汰掉，把表里如一、诚实的人留下来。从质量管理角度看，注意把看不到的地方打扫干净的人，不只追求商品的外观和装潢，而且注意人们看不到的内部结构和细微部分，会在提高产品质量上下功夫，养成不出废品的好习惯。这是一个优秀的质量领导者应具备的美德。

日本电产公司正是采用上述奇特的招聘术获得人才，使公司生产的精密马达打入了国际市场，资本和销售额增长了几十倍，获得了巨大的成功。

综上所述，领导者在选人时，标准要"严"，也就是说，领导者在为企业选择人才时，对人才的能力素质要有严格的要求，不能什么人都要，萝卜白菜一把抓。

智慧锦囊

只有选得严格，才能用得准确，提高管理能力，从而收到预期的效果。

第四章

团队责权分明才能人尽其才

在出现错误的关键时刻挺身而出

在具体的工作中，下属总会出现这样或那样的过失错误，包括客观、主观原因造成的。那么，这些责任应该由谁承担呢？或许有人提出，当然是谁犯错谁负责了。其实不能这样武断，责任如果全部由下属承担，其稚嫩的肩膀很难承受住来自方方面面的指责和压力，甚至造成更严重的后果。

因此，作为老板，在适当的时候，在不失原则的前提下，应勇于为下属揽过。所谓"揽过"就是主动承担责任。揽过不是为了庇护，而是为了员工能改过，能反思自己的行为。敢不敢"揽过"，能不能"揽过"，也从一个侧面反映了老板是否具有敢于负责的精神。

著名管理培训大师余世维曾在多家公司任职，他每到一处都能赢得下属的尊重与追随。这是因为他善于维护下属的利益，遇到问题首先自己承担下来，不推卸责任，从不会肆意将错误归咎于下属。他时常说："员工有错，老板首先要承担大部分责任，甚至是全部责任，下属的错误就是公司的错，也就是老板犯下的错误。"余世维就是这样的领导，就在他承担责任、解决问题的同时，也深深赢得了下属的尊重、敬佩和追随。

有一次，公司决定进口50辆前窗可活动型豪华轿车，余世维带领团队负责与对方谈判。他在和客户谈妥条件之后，就将一些细节问题及合同签署事宜交给下属去办理。可交货时，余世维才发现这批轿车与谈判前承诺的不大一样，他马上意识到可能是下属的疏忽。

但他却表现得异常冷静，独自来董事长办公室汇报了这件事情，并承担了全部责任。

余世维言语中透露出是因为自己一时疏忽而导致发生这样的事情，同时，他又向董事长承诺，他会马上弥补过失，绝对不让公司利益受损失，否则任凭处置。最后，余世维再次与对方谈判，说明情况，将 50 辆车全部调换。下属在得知这件事情后，非常感动，主动承担责任，竭尽全力辅助余世维处理此事，并在以后的日子里加倍努力，用优异的业绩回报恩情。

常言说："人非圣贤，孰能无过。"任何人都会犯错误。在团队管理中，每个老板都面临着如何处理犯错误下属的问题。千万不要小觑这个问题，这是衡量一个老板会不会用人、会不会教育人、会不会团结人、会不会调动人员积极性的重要标志。

在下属犯错误后，勇敢地替其承担责任，是一个老板最应该有的基本素质。一个怯懦、不敢承担责任的老板是不可能将员工聚拢在一起的，更不可能组建一个卓越的、充满战斗力的团队。要想组建一个卓越的团队，先决条件就是具有强烈的责任感，带动下属心甘情愿、脚踏实地地努力工作。

东汉的钟离意因为很有才能被提升为尚书仆射。有一年，一伙匈奴人来投降汉朝，明帝大喜，命令钟离意负责接待，并给他们些珠宝、绢绸等赏赐。钟离意遂将此事交给了手下的一名郎官办理。不料，这名郎官在办事时不细心搞错了赏赐。

明帝得知此事，大发雷霆，下令要对郎官用酷刑。作为此事的负责人，钟离意自知责任重大，便匆匆觐见皇上，叩头请罪道："做事犯错，人人在所难免，既然事情已经发生，就应当以官位的高低来定罪。这件事由我负责，所以论罪也应当从我开始，从重处理；郎官是我的下属，就应当从轻处理。请皇上明断。"说着就要脱去衣服接受惩罚，明帝见钟离意情愿接受惩罚，怒气也就消了一大半，即令他穿上衣服，免去惩罚，也宽恕了郎官。

在团队管理过程中，下属出现这样、那样的问题不可避免，作为老板必须敢于为下属承担责任，关键时刻挺身而出。很多时候，老板即责任者，下属的错就是老板的错，因为下属犯错，很大程度上说明自己没有尽到责任。这样的话，下属被处罚，老板应该首当其冲，不找借口，不辩解。

当然，我们提倡老板勇于为下属揽过，并不是主张什么事情都必须揽在自己身上，任何错误都应该承担下来，而是要根据错误的性质、大小以及善意的还是恶意的等多种因素，进行合理分析。具体情况具体对待。一般来讲，从微观层面讲，原则上是谁的责任就该由谁负责，这也是责任制的一种体现；但从宏观层面，从团队的整体利益来看，就不单单是某个员工的责任，作为主管这个团队的老板首先应该勇于承担。

在团队管理中，一个优秀的、卓越的老板最能打动下属的行为，莫过于敢于主动揽责，承担责任。要让下属放下因犯错而带来的包袱和压力，轻松地面对自己犯过的错误。事实说明，老板为下属承担责任，下属往往会心怀愧疚、感激，反而更愿意承担属于自己的责任。

所以，作为团队的领导，必须有主动为下属承担责任的勇气和胸襟，这是两全其美的事情。这样做，在比自己职位低的下属看来，你敢于负老板责任，不把一切过错推给他们，值得信赖；在比自己职位高、权力大的上司看来，你是个责任心强、勇于负责的人，促使其敢于把一个单位或部门交给你。

智慧锦囊

> 在适当的时候，在不失原则的前提下，领导者应勇于为下属揽过，在承担责任、解决问题的同时，深深赢得下属的尊重、敬佩和追随。下属往往也会心怀愧疚、感激，反而更愿意承担属于自己的责任。

面对下属过错，三思而后惩

箭在弦上，则随时可发，若箭出弦则一发不可收。所以，"引而不发"不失为一种灵活的处事之道，把握主动权，争取最有利的局面。你如果还没有处理，那么主动权就掌握在自己手里，想什么时候处理就什么时候处理，而且如果你处理得好，不仅不会伤害到部下的感情，反而会赢得部下的心，使其成为自己忠实的拥护者、跟随者。

某公司的销售部主管因在签订合同时出现失误，造成了公司的重大损失。对于这种严重的错误，总经理完全可以将这位主管撤职。

但是他并没有急于做出处理。他分析了两种可能：一是这位主管本身不称职，不宜于再继续担任这个职务；二是"好马失蹄"，由于一时大意而出现失误。如果是后者，那么将他撤职就会毁掉一个人才。总经理进一步考虑，目前还找不到一个更合适的人顶替这一职务，一旦将他撤职，将会影响公司的其他工作。

于是他把这位主管找来，告诉他自己将要对这件事做出处理，但具体如何处理并没有明确告之，事情就这样拖了下来。

在这段时间里，这位主管为了挽回上次的损失，兢兢业业地工作，为公司的发展做出了自己的贡献，同时用事实证明他做这项工作是称职的，上次的失误是意外情况。

不久，总经理再次把他叫去，对他说，鉴于他近期的业绩，本来准备给予嘉奖，但因为上次的失误还未处理，故功过抵消，将功抵过，既不嘉奖，也不处分。

在处理这件事的过程中，总经理盘马弯弓，引而不发，处处主动。这种处理方法的效果无疑是好的。既没有影响整个公司的运作，同时又令这位主管以及其他员工心服口服。

下属犯了错误，或造成公司重大损失，当然要追究责任，要批评、处分甚至撤职、开除。但在事情和责任没有搞清楚之前，千万不要急于处理。如果处理错了或重了，伤了感情，事情就很难挽回了。

智慧锦囊

　　如果处理得好，不仅不会伤害到部下的感情，反而会赢得部下的心，使其成为自己忠实的拥护者、跟随者；如果处理错了或重了，伤了感情，事情就很难挽回了。

找准位置才能负起责任

在我们的周围，有好多人不知道自己的工作是干什么，更不知道责任是什么。他们从来不去考虑对组织的贡献是什么，也不去考虑自己在整个团队工作中应发挥什么作用，责任在哪里。

换一句话说，在生活或工作中，我们有没有关注过自己的位置？有人会问"位置为何物"位置，简单地说，就是处于某种环境中时，一个人的角色。比如，少年时代，我们与父母在一起，我们的位置就是做一个好儿女；为人妻、为人父（母），就要做一位好妻子、好父亲（好母亲）；在工作中，我们更要找好位置、扮好角色、负好责任，做一个优秀的领导，模范的员工。找准位置才能够负起责任。

一位员工曾经讲过这样的一个小故事：

有一段时间，公司的业绩差，员工们少有笑语。老总体恤下情，组织了一次郊游。有人带了毽子，大家围成一个圈左右横传，没两三下便有人踢偏，所有人一拥而上，结果撞得人仰马翻，毽子却如失羽的鸟，"啪"地掉进草丛。接二连三，屡试屡败。结果谁都不承认是自己的错。让大家挨个踢了一回，人人都能轻轻松松地踢几十下，甚至上百下的高手也大有人在。有人灵机一动，拖一个人到圈圈中央去，毽子一旦出险，让其立即冲上前救援。这一招果然有效，连续踢的最高纪录上升到了几十下。

兴尽，随着夕阳下山来，路上大家却七嘴八舌地若有所得：所有的圆周都需要圆心，它是一点与另一点的援臂桥，在人所共有的鲁莽、犹豫、偏差间，不单单是衔接，也是随时紧盯，查缺补漏。这个位置，不可或缺。一个同事说："领导是必需的。"另一个同事说："但最重要的并不是他的才华和能力，而是……"经理慢吞吞地接口："他的位置和责任。"众人相视而笑。

这次郊游对公司的震动很大，公司上上下下都明白了一个道理：在工作和生活中，每个人都要找准自己的位置，并承担起这个位置的责任。

从那以后，公司进行了一系列调整，人人都确定了自己的位置，个个都明白了自己的责任。公司的效益直线上升。

责任心是金。一个人有了责任心，他的生命就会闪光；一个人有了责任心，就拥有了至高无上的灵魂；一个人有了责任心，在人心中就如同一座高山，不可逾越，不可移动；一个人有了责任心，世界才更精彩，更迷人！

许多人找不准自己的位置，自然也就不明白自己的责任，就像踢毽子的运动一样，你越努力，结果越糟糕。

找准位置，对自己的工作内容、工作范围和工作性质有了相当的了解，自然就会明白自己在这个位置上的责任是什么，同样明白自己逃避责任的后果是什么。如果在一个团队中，每个人都有自己的位置，承担起自己的那份责任，责任空缺和工作空白区就会减少。犯了错误，是谁的问题，谁该受到处罚，就会很清楚，就不会有扯皮现象。像这样，工作中具体的责任（整个工作责任中对应自己的位置的那部分）已经被划得很清楚了，我们没有理由做不好。

智慧锦囊

> 找准位置，对自己的工作内容、工作范围和工作性质有了相当的了解，自然就会明白自己在整个位置上的责任是什么，同样明白逃避责任的后果是什么。

小事处理不好，最终会坏了大事

也许领导者会认为工作中的细节都是不起眼的小事，但在激烈的竞争中，许多的完美就体现在一个个细节中。所以，领导者要对每一个细节都负起责任，把每一个细节都做好，把每一件小事都出色地完成，才能带领下属走向成功，同时也让下属心生崇拜。

一个年轻人刚来到一家大公司上班，就发现一个问题，中午的时候，办公室的人都从别的部门把饭盒拿回来再去热饭，于是他就问同事："我们部门不是也有冰箱吗，为什么……"同事告诉他："半个月前冰箱就坏了，大家也是没办法，又没有人修。"于是，这个年轻人就利用中午的时间把冰箱里已经发臭的食物清理掉，然后寻找冰箱不能运转的原因。原来冰箱并没有坏，只是电源插座松了，于是他把电源插好，冰箱又开始运转了。后来，这个年轻人由于工作中的突出表现被提升为经理，这个公司就是中国数码产业的龙头企业——创维集团，这个年轻人就是创维集团营销部年仅30岁的副总经理张志华。

有一个名声卓著的长者，他学识渊博，受到世人的尊敬。于是有很多人来到他的住处，希望拜他为师，学习知识。有一天，来了两个年轻人拜师。于是长者就让两个年轻人留了下来。

第一天，长者让其中一个年轻人去扫地。过了一段时间，这个年轻人满头大汗地回来了，他说："我不仅把屋子里的地扫干净了，还把院子也扫过了。"长者低头看了一眼桌子下面，然后说："辛苦你了，你去休息吧。"

第二天，长者又让另一个年轻人扫地。一段时间以后，另一个年轻人回来向他报告说："我把屋子、院子和门前的小路都仔细地扫过了。"长者又看了桌子下面一眼说："辛苦你了，你去休息吧。"

第三天，长者把两个年轻人叫到面前，说："经过我的测试，你们两个都不能达到我的收徒标准，你们还是回去吧。"两个年轻人都十分惊讶，说："您还没有考我们呢，怎么就知道我们不合适呢？""其实，我已经考过你们了，就在你们扫地的时候。"长者说，"你们看看桌子底下是什么？"原来，桌子底下有一枚钱币，这是那个长者早就放好测试他们的。两个年轻人由于对工作的细节不够重视，所以都没有看到那枚钱币。长者说："一个人的责任不仅表现在大的事情上，更体现在小的细节中，这才符合做我弟子的标准。"

随着社会的不断发展和市场竞争的日趋激烈，这就要求企业具备越来越强的竞争力。要想在竞争中获胜，一个好的领导者必不可少。而一个好的领导者必备的条件就是要有责任感，责任不仅体现在大事上，更体现在每一个细节中。

现实中也有很多领导者对于细节很不以为然，认为领导者就应该从大处着眼，把大事放在第一位，而对那些不起眼的小事无须在意。其实，这是一种错误的想法。因为在日常工作中，很多事情都是小事、细节，而一个人的责任心也正是从这些小事、细节中体现出来的。

做事不能只做表面文章，要踏踏实实，因为通过一件小事就可以看出一个人的责任心，一个细节就能体现出一个人潜在的领导素质。工作时不要忽略了任何一个细枝末节，以为不重要，要知道"涓涓细流可以汇成江海"，"小"的积累才有了"大"的成就。如果在小事上都不能负责，那么有了大事又怎会承担责任呢？而且，小事处理不好，最终会坏了大事。

智慧锦囊

在日常工作中，很多事情都是小事、细节，而一个人的责任心也正是从这些小事、细节中体现出来的。

物尽其用，人尽其才

在这个世界上，每个人的能力和每个地方的需要都是不同的。不同的工作需要不同能力的人，而不同的工作环境也可以培养不同能力的人。作为一个管理者，把任务授权给最合适的人是最重要的。尊重人的不同个性，肯定个体的价值，让每个人的才能都能充分地发挥出来。让合适的人做合适的事，达到人事相宜，是领导者授权的一项重要原则。一个公司只有做到人尽其才，物尽其用，才能维持上下齐心、同舟共济、兴旺发达的局面。

老子《道德经》有云："水不凝不滞，能静能动，能急能缓，能柔能刚，能显能潜。"管理者应效法水德，通达调变，因人制宜，知人善任，充分发掘每个人的潜力。老子在用人上还有一个比较经典的观点即"常善救人，故无弃人"，意思就是看人既看短处，更要看到长处，要扬长避短，充分发挥其优势，做到人尽其才，这才是用人上的"大仁""大爱"。世上没有无用之才，只有因所处的位置不合适而埋没才能的现象。

庄子关于如何利用好弯曲之树的故事，与老子的用人思想有着异曲同工之妙。弯曲的大树虽然也很高大，但却疙疙瘩瘩，不符合绳墨取直的要求，它的树枝弯弯扭扭，不适应圆规和角尺取材的需要。因此，它虽然生长在道路旁，可木匠连看也不看。难道这样的树，真的大而无用吗？庄子的回答是否定的。他说："如今你有这么大一棵树，却担忧它没有什么用处，怎么不把它栽种在什么也没有生长的地方，栽种在无边无际的旷野里，悠然自得地徘徊于树旁，悠游自在地躺卧于树下……"由此可见，树的疙疙瘩瘩并不是无用的原因，只是安排的位置不适合。一棵树不符合绳墨取直的要求，不能做梁、做椽，却可以供人欣赏乘凉，在其下神游八方。一个企业，将人才安排到恰当的岗位，不但有利于稳定人员结构，更能够挖掘人才的潜能。

智慧锦囊

　　把任务授权给最合适的人是最重要的，让合适的人做合适的事，达到人事相宜，是领导者授权的一项重要原则。

为有能力的人搭建舞台

在柳传志看来，企业就好比舞台，人才是演员。只要有才能的人能唱戏，愿意唱戏，他就会不遗余力地将台子搭起来，将舞台打造得得心应手，这就是所谓的因人设事。如果没有演艺超群的好演员，而是一群跑龙套的小角色，再好的台子也是白搭。所以有时候他愿意等待、守候，愿意去寻觅，直到等到中意的人，然后就会毫不犹豫地轰轰烈烈地大干起来。

柳传志的用人思维看似与现代管理哲学相悖，实则另有奥妙。

传统意义上的因人设事多含贬义，联想的创始人柳传志却认为，因人设事是真正的以人为本，人不到位，绝对不动，再热门的行业也不进入。

2002 年 6 月成立的北京融科智地房地产开发公司，就是柳传志因人设事的一个典型例子。该公司是联想为进军房地产业而专门设立的全资子公司，公司的前身是联想科技园公司，主要承担物业的建设任务。而联想之所以会进军房地产，最主要的原因是联想在早期大规模建厂房时积累下了一批建筑和房地产规划人才，当房地产行业成为推动经济发展的支柱时，融科智地自然就成了联想控股现金回流较好的子公司之一。

按照中国式管理思维，人始终是核心要素。理实佳讯管理顾问公司咨询总监李福波则认为，通过人与事的优化配置与组合，实现人本管理、事得其人、人尽其用。以安置当事人为目的还是以公司未来利益为导向，这是评判因人设事、因事设人孰优孰劣的基本标准。

智慧锦囊

对于因人设事的用人法则，我们不能完全否定也不能完全肯定，关键要看人与事是否为企业所需，是否有利于公司的长远发展。

确保人岗匹配，提高运行效率

主管要善于把优秀的人才放到合适的岗位上，发挥他应有的作用。不要"大材小用"，也不要"小材大用"，要量才而用。要想实现人尽其才，就必须了解人才的特长、专长和优势，找到人才身上的"热键"，并根据这些去匹配工作。只有完美匹配，才能创造高效益。

关于人才的匹配，管理界有个耳熟能详的故事：

所有人都说千里马是马中极品，有一个农夫于是花了几年积蓄在市场上买了一匹千里马，回到家中后却发现实在没有什么大事需要千里马去完成，便让它和一头驴子一起拉磨。千里马被囚禁在磨坊里拉磨，传出去很丢千里马一族的脸面，于是，每次拉磨时千里马总是很不老实地折腾一番。农夫很生气，就用鞭子使劲抽打它，没过几日，千里马生生被打死了。有了这次经验，农夫再也不买千里马了，为了和驴子搭配，他就又买回了一匹骡子。骡子和驴子很和谐，干起活来，搭配得很好，磨坊的效率很高。

有一天，农夫得了急病，需立即送到城里救治。家人拉出了骡子来拉车，骡子在磨坊里磨叨惯了，任凭农夫的家人如何抽打它，它始终跑不快。抽打得急了，骡子就更加放慢了速度，最后索性在原地转起圈来。家人无奈，只好迁就着骡子，晃晃悠悠地赶往城里，因此延误了治疗，农夫落下了后遗症。回来后，农夫一怒之下宰掉了骡子。

看完了这个故事，大家就会明白：农夫其实相当于企业的总经理，千里马、骡子、驴子是企业的员工。这里面，千里马最优秀，但是因为被放置在不合适的工作环境里，活活被折磨死。骡子本来也是很优秀的人才，和驴子搭配起来，能够为企业产生很高的经济效益。但是，却被抽调出来拉马车，这本是千里马的长项——结果，骡子也死在它不适合的岗位上。

四季酒店是一家世界性的豪华连锁酒店集团，在世界各地管理酒店及度假区。四季酒店曾被评为世界最佳酒店集团之一，并获得AAA5颗钻石的评级。酒店属于服务业，服务型企业的成功共性就是要拥有一批能够执行企业服务理念的人才队伍。一位入住过四季酒店的旅行者在他的日记中写道："别的酒店是把酒店单纯地当作酒店来经营，而四季酒店却把酒店当作旅行者之家来经营，这种浓郁的家庭氛围，一路奔波的旅行者怎么能拒绝？"

为顾客创造家的氛围的是四季酒店训练有素的员工。人才是四季酒店成功的根本原因。四季酒店亚太区人力资源总监吴先生认为符合四季用人理念的人才应该具备以下素质：诚信、灵活、踏实。优秀人才不是凭空产生的，是要结合具体一个行业，一家企业，一个职位来定义的。四季身为服务行业的企业，对人才最大的要求就是"灵活"。这个灵活要体现在对客户上，适应力、变通能力与抗压能力都要强。当然最为关键和基础的就是道德品质。

了解了企业的工作特性，四季酒店总是很容易找到企业最需要的人，然后把他放在最合适的岗位上，为企业创造出最大价值。四季用人最大的特点就是无论是高学历者还是普通学历者，包括"海归"，都需要从基层做起。吴先生认为一名优秀的员工，哪怕是把他放到最基层的位置上，经过一些时日，肯定会比其他人"跑得快"。

吴先生说:"曾经有个新人,学历背景很不错,能力也很强,他信誓旦旦要在两年内做到部门经理。我当时立刻否决了他。不管一个人多优秀,在四季,要做一个部门经理至少需要 15 年的时间,这是许许多多前辈留下的经验,是经过实践检验的,我不认为会有特例。所以,一个人需要磨炼,更需要有被磨炼的耐心。"

正是对员工孜孜不倦的长期打磨,使企业充分了解到员工的特点、特长、能力和发展潜力,无论员工晋升和调岗,企业总是能最快地实现人岗匹配,从而保证酒店不为人员的调动而降低组织运行效率。

优秀的企业管理者从来都不把人岗的匹配问题当作小事情。企业管理者应采取正确的措施和手段对人力资源进行合理配置,合适的人工作在合适的岗位上,这将会使得员工的工作绩效、工作满意度、出勤率等得到提升,从而提高组织的整体效能。

智慧锦囊

要想实现人尽其才,就必须了解人才的特长、专长和优势,找到人才身上的"热键",并根据这些去匹配工作。

劳逸结合,统筹兼顾

丽萨是某公司的人力资源部的经理,长时间以来,她都将人力资源部管理得井井有条。无论是刚进公司的新人,还是众多人力资源部的老员工,他们似乎都充满干劲。这些员工,每天都要与形形色色的人打交道,也都需要处理很多杂务,但他们毫无怨言。

很多高层管理者向丽萨取经，想知道她是如何管理的。丽萨的回答是"其实，任何一个人，每天面对同样一件工作都会感到枯燥的。所以，我在给大家分配任务的时候，并不会规定固定时间，也不会每天把大家都关在办公室内，所以，您经常看到我的工作区域内只是一部分员工。另外，我还鼓励大家交换工作，这样也有利于互相勉励。"

从丽萨的管理经验中，很多领导者应该体会到报酬递减法则的含义。那到底什么是报酬递减法则呢？

作为领导者，在管理工作中，常常发现这样的问题：无论是自己还是某些员工，刚开始开展某件工作的时候斗志昂扬，可随着时间的推进，积极性越来越低，甚至觉得工作枯燥无味而不愿继续。而这种情绪，会很快感染团队的其他成员，严重影响团队的士气，降低管理者的干劲和热情。

与学习曲线法则相反，报酬递减法则是指从事某项创新型的工作超过一定时限以后，单位时间内取得的工作成果会逐渐降低。而造成这一现象的原因是多方面的：工作的单调性；从事时间太长，员工兴趣会降低；大脑中某个特殊区域使用时间过长，也会导致神经紧张脑供血不足，思维迟钝，从而导致工作效率降低。

报酬递减法则告诉我们，要避免这种情况的出现，就应该寻找解决的方法，而注意时间的调整和工作任务的合理搭配就是有效的方法之一，具体来说，这一法则可以帮助我们做到工作上的三个调整。

（1）一旦你发现自己在此项工作上的效率开始降低，就要及时切换到另一项工作上，这样，就能避免大脑的同一区域被不停使用，同时又能使工作始终保持在时间报酬递增的区间内，从而提高工作效率。

（2）我们应该注意劳逸结合，每工作一小时，就应该休息十分钟，这样才能保证大脑供氧充足。

（3）应采取工作丰富化设计或通过工作人员的定期交流、轮岗等方式以保持员工的工作热情，提高员工的工作效率。因为长期从事单调的工作会导致员工绩效不断降低。

时间在现代社会里已成为一种有限的资源，对于领导者面言，就应该像对待土地、矿产、资金、人才一样做好时间的使用规划。

那么，具体来说，领导该如何根据这一法则安排工作呢？

1. 对工作统筹兼顾、合理安排

你应该合理分配单位工作、学习、休息的时间，做到劳逸结合，把握好工作节奏。

2. 善于使用零星的时间

你应该通过安排工作时间来充分收集一些零碎时间。事实上，很多领导者认为自己的工作时间不够用，主要是因为他们缺少集中的时间完成一件事。其实，如果你学会把零碎的时间集中起来，如一个下午可以先后安排两个会，这样就会节约出另外半天的时间。人们在工作中最容易浪费的就是零星时间，而做好时间规划，把零星时间凑整使用或做好工作安排，你会发现，这中间有很多可挖掘的宝贵的时间资源。

3. 每天留些"机动时间"

很多领导者认为，忙碌的一天才是充实的一天，以至于他们经常把一天的日程安排得满满的，一旦遇到突发事件，就手忙脚乱了，其实，你应该每天腾出一点"机动时间"来。如果出现意外情况，你就能做到处之泰然；而即使没有出现这些突发事件，你也能给自己一个放松和休息的机会，或与员工联络一下感情、考虑一天工作中的得失等。这样，管理者就可紧张而又不失轻松地完成一天的工作，从容地面对明天。当然，留出机动时间的前提依然是领导者缩短做事时间，提高做事效率。

总之，领导者在管理工作中，为使时间有效运用，每天的计划不可安排得过分紧密，必须有一些富裕时间作为自己的回转空间，以增加工作效率。

管理人员要让其员工在预定的轨道上运行，就要仔细观察、经常调整，以防其出现偏误。在稳定的大企业中，管理者要多注意员工的各种变化，在基本管理框架内灵活地运用各种技巧管理下属。而对于活跃的中小企业管理者而言，他们的责任更加繁重。他们不仅不能墨守成规地管理下属，也不能用固定的模式去设计企业的蓝图。

智慧锦囊

　　每天腾出一点"机动时间"来，如果出现意外情况，你就能做到处之泰然；而即使没有出现这些突发事件，你也能给自己一个放松和休息的机会，与员工联络一下感情、考虑一天工作中的得失。

提供科学规范的多重晋升通道

员工获得职业晋升是其自我价值的提升在团队中的具体体现。团队在对员工职业晋升的设计上，必须做到对员工真正适用和负责。不难发现，世界上众多成功的大企业，中高层管理人才几乎很少从外部招聘，而是尽量实现内部人才供给，注入的新生力量往往只是企业中的基层人员。人们希望加入这样的企业，是因为企业为他们提供了足够的成长空间。

有了优秀人才而迟迟不重用，不但对团队发展无益，而且在目前的人才流动机制下，也不易留住真正有才能的人。

索尼司每周都会出版一次内部小报，刊登各部门的"求人广告"，员工可以自由而且秘密地前去应聘，他们的上司无权阻止。另外公司原则上每隔两年让职员调换一次工作，特别是对精力旺盛、干劲十足的职员，而不是让他们被动地等待工作变动。

索尼公司的这种内部晋升制度，源于公司董事长盛田昭夫。

多年来，盛田昭夫一直保持着在职工餐厅与员工一起就餐的习惯，以培养员工的合作意识及与他们的良好关系。一天，盛田昭夫发现一位年轻的员工满面愁容，闷头吃饭。于是，他主动坐到这个员工对面，与他谈话。终于，这个员工坦承道："从东京大学毕业后，我找到了一份待遇优厚的工作。以前我很崇拜索尼公司，认为进入索尼公司是自己一生的最佳选择。可是，进入索尼公司后，我发现自己不是在为索尼公司工作，而是在为领导干活。老实说，我的领导能力平庸，但我的行动与建议都得经过他批准。对于我的一些小发明与改进，领导不仅不支持，还冷嘲热讽。我现在十分泄气，后悔自己居然放弃那份优厚的工作来到这里！"

盛田昭夫听了感到十分震惊，认为公司内部类似的问题一定很多，管理人员应该关心员工，提供上升通道，从而使员工卖力工作，促进公司的发展。

有序的员工职业晋升，是要将岗位需要与人才发展有机地结合起来，这才是有效的晋升管理。因此，科学、规范的员工职业晋升设计，健全的员工职业晋升体系，是实现团队内部员工有序晋升的重要保障。一个团队整体能力的提高，是可以通过推行学习型组织，建立人员发展规划，让人才的发展和晋升走向有序和均衡来逐步实现的。

像索尼公司这样，对员工的晋升通道不设阻碍，反而对员工的绩效多多给予积极的反馈和肯定，顿时提高了员工的自信心，从而使得每一名员工都能卖力地工作，直接促进了公司的成长，增加了团队利益。

一个人职业生涯的发展，唯一可行的就是朝着主管、经理的职位奔去，以取得相应的报酬，实现应有的价值。对于一个团队来说，管理岗位是很有限的，员工晋升的需求是普遍的，由此形成僧多粥少的局面，大家都抢着过独木桥，能过去的毕竟是少数。长此以往，有一些没有挤过去的优秀"僧人"便不得不跳槽，改投其他"庙门"。

如何防止这类现象的发生，不同的企业有着不同的人才培养战略，但是要谈到他们的共同点，那就是真正做到了关心每一个员工的职业发展，并为此提供规范、科学的多重晋升通道和合适的工作环境，负责任地培养每一个员工。

山下俊彦是松下幸之助一生中用得最恰当的一个人。起初，山下俊彦只是一个普通的小职员，39 岁时被提升为松下电器分公司的部长。他才能出众，对公司内部因循守旧等弊端有着深刻的认识，因而锐意改革。松下幸之助认为他是个难得的将才。

1977 年 1 月 17 日，松下幸之助任命山下俊彦为松下电器公司总裁，这让松下电器公司董事局及企业界感到十分意外。很多人认为，山下俊彦是个经常跟公司决策"过不去的问题人物"，在董事局内仅排名第 25 位，论资历，除了松下幸之助和即将退任的松下正治，至少还有 24 个高级董事可以出任总裁一职。但是，松下幸之助一意孤行，坚持起用山下俊彦接掌松下电器公司。

这一决定使山下俊彦得以按照自己的想法，去发展超巨型大企业的松下机构。他担任总裁不过 3 年，就已经向全世界证明，他是松下电器公司的希望之星。到 1983 年，松下电器公司的利润总额达 18911 亿日元，比 1977 年他刚上任时的利润总额 9788 亿元几乎增加了整整一倍。

其实，团队中的每一个员工都希望得到团队的重视和关心，而团队让每一个员工都能享有同等的职业晋升机会，获得在团队内部的发展，为每一个员工提供充分必要的锻炼机会和最大限度的辅导和指引，这就是对员工真正的重视和关心。对于有较高才能的年轻下属，应该提拔到更为重要的岗位，让他们尽早地、充分地发挥才干，这样才能早出人才，快出人才，为团队服务更长的时间，带来更大的效益。

智慧锦囊

关心每一个员工的职业发展，并为此提供规范、科学的多重晋升通道和合适的工作环境，负责任地培养每一个员工。

WITHOUT LEADERSHIP TO A
TEAM,YOUCOULD NEVER
BE A SMART MANAGER

第五章

解决主要矛盾，
团队才能走得远

让主动执行取代压力下的被动执行

卡耐基在十三四岁的时候，曾在一家纺织厂里当一个普通的记账员。他的工作很简单：只要把收入和支出记清楚就行了。

然而，当他了解到还有更好的复式簿记方式时，就开始利用晚上的时间，自费学习复式会计。尽管当时他并未曾预料到这一先进的会计知识对他日后事业的发展会起到怎样的作用，但他还是主动去学了。

后来，他又到一家电报公司做邮差。在那里，卡耐基每天都会提前一个小时到公司，他首先打扫卫生，然后再悄悄地跑到电报房里学习接收和发报技术。他每天都是如此，不但丝毫不以为苦，反而为能有这种秘密学习的机会兴奋不已。

有一天，卡耐基一大早就赶到了电报公司，打扫完卫生后便习惯性地来到了电报房，突然听到有人说："紧急电报！电报员还没来，有谁能收下这份电报吗？"

卡耐基连想都没想就主动上前，顺利地收下了电报。

到了月底领薪水的时候，老板把他单独叫了过去。他心里有些忐忑不安，还以为自己偷偷操作电报机的事被老板发现了，甚至做好了为此接受处罚的准备。然而让他意想不到的是，老板却对他说："你很积极，也很主动，做得很好。从这个月开始给你加薪。"不久，他就成了一名真正的报务员。

显然，卡耐基这样的员工是最让领导省心的。然而，如果领导因为个别下属的自觉主动，就以为所有下属都能做到这样自动自发的话，那就大错特错了。不得不承认，在现实中，有一少部分员工是类似卡耐基那样的，他们能够自觉、主动地去完成分内甚至是分外的工作，并不需要领导时刻去督促。但同时，领导人员也应该清醒地意识到，更多的员工是存在惰性与偷懒心理的，如果领导对其放任自流，他们就会像迷失了方向的羊群一样漫无目的地乱撞。

拿破仑·希尔曾经说过："主动执行是一种极为难得的美德，它能驱使一个人在不被吩咐应该去做什么事之前，就能主动地去做应该做的事。这个世界应对一件事情给予大奖，包括金钱和名誉，那就是主动执行。"

所以，工作中最理想的状态，就是能让员工去主动执行，而不是让他们在压力下被动执行。

人对于外来的压力，总希望加以抗拒，以免自己承受不了，危及自己的身心健康。而不施加任何压力，人就无从抗拒，从而形成自动的行为。这就说明在企业的管理中，上司要让下属自己产生压力，而不是对他施加压力。这样，下属对自己内心所产生的压力，就会无从抗拒。对自己的内心所产生的压力有所反应，便是自动的行为。要让下属做到自动自发，上司就必须从自己做起，不施加任何压力给下属。

要想达到主动执行这样完美的境界，你可以采取以下几种方法。

1. 激起下属的责任感

你可以对下属说："这件工作拜托你了！希望你能好好地完成它，大家对此都拭目以待。"这样，下属会深受感动，并且振作精神，全身心地投入到工作中。

2. 激起下属的工作激情

你可以与下属商讨："这个问题不知道该如何解决，真伤脑筋。你有没有什么好的点子？"此时如果下属接着说："如果……应该可以！"你就趁热打铁，并且告诉他："这是一个好方法，那这件事就交给你了！"

3. 唤起下属的自尊心

假如你对下属说："这件工作很难办，我看算了！""这件工作一定要由拿手的张某来做才行吧？"然后询问他的意见，此时若对方是位自尊心强的人，相信他会拍胸脯保证说那种工作他也可以胜任，若下属欠缺此魄力，不要让他负责比较妥当。

新上任的领导不要一味地认为每个人都会很自觉，而应该因人而异，采取不同的管理对策，不要盲目地搞一刀切。

如果上司有能力无须下达指令就能使下属知道自己该干什么，那就是最理想的状态。在这种气氛下，下属必定积极、情绪高昂，并且能够发挥巨大的潜力，而实现领导的要求。下属因而得到充实感与满足感；即使工作任务十万火急，也能从容不迫地完成。

智慧锦囊

上司要让下属自己产生压力，而不是对他施加压力，对自己的内心所产生的压力有所反应，便是自动的行为。

抓住全盘中的主要矛盾

日本著名经营管理学家镰田胜说："优秀的领导者，都是把力量集中到一点上，靠全力以赴攻关才取得了一般人不能取得的卓越成果，其秘密就是如此简单。"他还说："如果一个领导在一个岗位干了很长时间仍不知道关键的工作，那就是一个不合格的领导。"这段话很中肯，领导者如果心无定性，遇到什么事情就干什么事情，不能分清工作的主次、轻重、缓急，胡子眉毛一把抓，到了最后肯定是一无所获。

抓重点这种领导艺术，人们更喜欢用"牵牛鼻子"来做比喻。一头硕大的水牛，怎样驱使它？推它、打它都不灵，唯有牵着牛鼻子，牛才会乖乖地听人使唤。领导干工作也要善于抓住要害，统筹全局议大事，集中精力抓关键，积聚力量攻重点，才能推动全盘工作进程，提高工作效率。

唐朝末年，浙江以东的裘甫起兵叛乱，已攻占了几个城池，朝廷任命王式为观察使，镇压叛乱。王式刚上任便命人将县里粮仓中的粮食发给饥民。众将官迷惑不解，都说："您刚上任，军队粮饷又那么紧张，现在您把县里粮仓中的存粮散发给百姓，这是怎么回事呢？"王式笑着说："反贼用抢粮仓中存粮的把戏来诱惑贫困百姓造反，现在我向他们散发粮食，贫苦百姓就不会强抢了。再者，各县没有守兵，根本无力防守粮仓，如果不把粮食发给贫苦百姓，等到敌人来了，反而会用来资助敌人。"叛军到达后，百姓果然纷纷抵抗，不到几个月的工夫，叛乱就被平定。王式眼光敏锐，发现了粮食这个工作重点，轻而易举就平定了叛乱。

领导者就要高屋建瓴、统揽大局，"抓住重点，带动一般""突破难点，搞活全局"，能在全盘工作中抓住主要矛盾，找准工作重点，一切问题就会迎刃而解。那么，怎样才能提纲挈领地开展好工作呢？应该注意以下两点。

第一，集中突破。

打仗的时候，有"集中优势兵力打歼灭战"一说，领导干工作时，也可以运用这个军事原则，那就是找准重点工作后，集中人力、财力、物力，健全组织机构、抽调优秀人才、加强舆论引导，其目的就是全力以赴地攻关，力争在尽量短的时间内有所突破，有所建树，让上上下下都能看见自己的政绩。如此一来，向上可以争取政策与财物，向下可以激励人心士气，形成良性循环，最终带动方方面面的工作都有所起色。

第二，心无旁骛。

中心工作是一个团队在某一个时期全部工作的灵魂，一切工作都应该为中心工作让路。如果领导同时搞几个中心工作，或者时不时地追加几个中心工作，会让大家迷惑到底该先干什么？俗话说"将军赶路不打野兔""五行不定，输得干干净净"，什么都想干好，什么都想抓好，结果什么也没有抓住。一段时间以后回过头来看，虽然忙忙碌碌，但政绩依然平平。

能在全盘工作中抓住主要矛盾，找准工作重点，一切问题就迎刃而解，领导者与平庸领导者的差距或许就在这个关键上。"抓住重点，带动一般""突破难点，搞活全局"，这历来就是行之有效的工作方法。

> **智慧锦囊**
>
> 领导干工作也要善于抓住要害，统筹全局议大事，集中精力抓关键，积聚力量攻重点，才能推动全盘工作进程，提高工作效率。

有功必赏，有错必惩

韩非子说："不塞隙穴而劳力于赭垩，暴雨疾风必坏。"这就是提醒我们：不将房屋的裂缝塞住，却只想着将墙壁粉刷漂亮，一旦暴风骤雨来临，房屋就会倒塌。

这个道理延伸到企业管理中，就是，下属由于能力不足、个人疏忽等原因，往往会出现这样那样的错误。管理者的责任就是督导、发现员工的错误，就要及时地监督指导他改正，而不是帮下属掩盖他的错误，只是一味地称赞他。如果这样做，企业就像一幢布满裂缝的大房子，即使外表再华丽，只要风轻轻一吹，企业就会垮掉。

管理者督促员工改掉自身的缺点，就是在帮助企业排除存在的隐患。只有管理者帮企业去除了一个又一个的隐患，企业的生命力才能更长久。隐患不除，就相当于在团队中植入了定时炸弹，可能让整个企业的努力毁于一旦。

在中国历史上，有很多英雄因为纵容下属，而最终失败，李自成就是其中一位。李自成适逢明朝末年的乱世，起兵造反，从农民成了英雄，然而他还是以失败告终，走向了穷途末路。究其原因，是他管理下属时出现了问题，他纵容下属的错误，使团队走到了末路。

李自成在战争中不断磨砺，逐渐发展壮大。1640 年，他率军进入河南，获得灾民响应，提出了"均田免赋"的政治主张，使队伍急剧扩大，连败明军。接着，李自成攻克洛阳，杀福王；改襄阳为襄京，称新顺王；直到成功实施"先取关中，再攻山西，后取北京"的战略，很快进入北京城。

在战争期间，他严格要求手下的将领，让每个人都安心地打仗，建立了一支高效运作的团队。但是，随着战争不断取得胜利，他和许多高级将领开始被金钱腐蚀，整天沉迷于歌舞声色，军队中甚至还出现了欺压百姓的事件。李自成对自己放松了约束，对下属的错误也不管不顾、听之任之，结果他建立的大顺王朝很快就在将士的腐化享乐中土崩瓦解了。每当后人听到这件事情，都为他扼腕叹息。

李自成的事件给所有的上位者都敲响了警钟。对于下属中存在的问题，管理者必须非常重视，及时提醒下属改正错误。李自成就是因为在团队内部放任属下的错误，才最终走向了灭亡。

市场竞争非常激烈，每天都有众多的企业被市场淘汰，这其中很大的原因就是用人的错误。因为管理者没有发现手下员工的问题，所以导致了企业的出局。因此，发现团队成员中存在的问题，管理者一定要扮演好救火队长的角色，及时把错误消灭在萌芽状态，如果等到火势蔓延之后，管理者才发觉，那就太晚了，只能眼睁睁地看着自己的心血被焚毁。

很多管理者，希望在下属心中留下宽宏大量的印象，因此他们对于下属的一些错误，会采取容忍包容的态度；还有些管理者希望凸显自己的能力，只会一味地粉饰太平，掩盖平静中隐藏的危机。管理者的这些做法，都会对团队造成重大的伤害，千里之堤毁于蚁穴，这些疏忽迟早会爆发成灾难性事件，使整个组织遭受灭顶之灾。

管理者的职责就是赏罚分明，及时奖励立功的员工，坚决严惩犯错的员工。管理者要严格执行自己制定的规章制度，对犯错的下属不去提醒、惩戒，是领导的失职，是不负责任的表现，这只会损害管理者的威严。

奖罚作为一种有效的管理手段，对员工的激励与约束起着重要的作用。但在实际中，很多老板只会奖而不会罚，或只注重奖而忽略了罚，将罚简单化了。对于奖，公司有着完善的制度和机制，物质层面和精神层面两者相结合，认为只要做好奖励工作就可以激励下属，实现预期效果。

然而事实恰恰相反，有很多这样的例子，公司投入大量物力、财力打造巨奖，诸如宽松的工作氛围、较多的锻炼机会、上司的表扬和奖励等，用以对优秀员工的鼓励，然而被奖励后的员工反而开始"堕落"，大不如从前。这就是奖的两面性。这就像一把双刃剑，在激励的同时也在消磨意志，摧垮信念，巨额奖金诚然是好事，但引发的负面影响也很多。丰厚的奖励在一定程度上可以对人进行有效的激励，但也会令人产生自满。

奖罚是一个事物的两个方面，两者相互制约，互为促进。只有结合罚与奖才能发挥其正面的作用。惩罚的形式很多，小如批评、警告，大到降级、撤职、留用察看、开除等。然而如何罚也是非常讲究的，不仅是一门学问，还是一门艺术，是一门触动心灵的艺术。

汉夫特是加拿大渥太华一家宾馆的主人，他以"懒惰"著称，凡是能吩咐给手下干的事，他绝不亲自去做。宾馆业务虽然繁忙，他却整天悠闲自在。有一年圣诞节，他让宾馆全体员工分别评选出 10 名最勤快和 10 名最"懒惰"的员工。

汉夫特叫人把被评为最"懒惰"的 10 名员工叫到他的办公室。这些员工心里七上八下，心想老板大概要炒我们的鱿鱼吧，因此满脸沮丧。可是令他们没有想到的是，一进门，汉夫特就说："恭喜各位被评为本宾馆最优秀的员工。"这 10 名员工感到莫名其妙。看着他们一个个目瞪口呆的表情，汉夫特招呼他们坐下，微笑着解释道："根据我观察，你们的'懒'突出表现在总是一次就把餐具送到餐桌上，习惯于一次就把客人的房间收拾干净，一次就把工作干完，讨厌多走半步路，讨厌做第二次。"

"因而在别人眼里你们整天闲着，在偷懒，但依我看，最优秀的员工无一例外都是'懒汉'，因为他们连一个多余的动作都懒得去做。而勤快员工的'勤'，大多表现在他们整天忙忙碌碌，不在乎把力气花在多余的动作上，做一件事不在乎往来多少趟，花多少时间，这样能有效率吗？"

把最"懒"员工评为公司最优秀的员工，也许你会觉得汉夫特的行为有点不可思议。现在你只要想想公司的追求就明白了，工作最根本的是创造业绩，我曾经问过许多公司的管理者：什么是他们评价员工的标准。他们都毫不犹豫地告诉我：业绩。对了，考核员工能力的，是你的业绩；也唯有你的业绩才能体现你的价值，让你"物有所值"，得到你应得的报酬。你不要看人家是一次性收拾好餐桌的，也不要看人家在工作中有偷懒行为，只要能够高效率地完成工作任务就是好员工。

赏罚之所以是管理团队的有效手段，就在于它的公正性。只奖不罚，则容易造成军心懈怠；只罚不奖，则容易引起军心不稳。奖罚失去了公平性，就会极大地损害团队的战斗力以及老板自身的威信。所以，老板使用手中这两根指挥棒时，奖罚分明，该奖的要奖，而该罚的一定要罚，绝不能因为人情而心慈手软。

管理者手下管理着众多员工，难免会和某几个员工兴趣相同，走得很近。人的感情常常会影响人的判断，对于和自己关系近的员工，很可能会给其特殊的待遇，尤其是对他的错误睁一只眼闭一只眼。事实上，这并不是对员工的爱护，而是在祸害这名员工。

显然，管理者一味地纵容，会使下属不能严格要求自己，每当犯了错误就会想着有人给自己撑腰，视企业的规章制度如无物。这最终会使员工的执行力、认知力大打折扣，在日后发展中无疑不具备应有的智力与才干，被那些严格要求自己的员工所超越。而如果管理者过分溺爱团队中的人，那么整个队伍都会丧失竞争力。

解聘往往是对待员工最严厉的一种手段，如果管理者要决定解雇人，尽管你有充分的理由，但是解雇将会对他人带来巨大的影响，你仍旧会感到难以痛下决心。需要下决心时，管理者必须做出决定，因为这是你分内的事情，你必须剔除团队中的害群之马。屡教不改的员工只会对企业带来伤害，对于企业的发展毫无益处，只有解聘他们，企业才能步入良性发展的轨道。

用人是企业管理中的一件大事。管理者用人的策略，将直接影响到企业日后的长远发展，决定战略执行的好坏，也可以改写员工个人的历史。所以，身为管理者，一定要制定规矩，做好团队的赏罚，有功必赏，有错必惩。对于行为有错误的员工，管理者一定不能姑息，要坚决严惩不贷，并让他们心甘情愿地接受教训。

智慧锦囊

发现团队成员中存在的问题，管理者一定要扮演好救火队长的角色，及时把错误消灭在萌芽状态。

反馈工作中的因人而异

反馈是绩效评估的最后一个环节，也是企业能否取得预期结果的一个关键环节。许多领导者都明白反馈的重要性，但是在实际工作中却很少有人能有效地执行。究其根源，是因为他们常常不知道该如何将考核结果有效地反馈给员工。

因为在反馈过程中，员工很容易产生自我防卫的反抗情绪，甚至会与上司争辩，不仅不能达到预期的目标，还会影响双方的关系，从而导致绩效评估工作只能发挥"监督业绩达成程度的作用"，而忽略了"使员工得到成长和发展的作用"。

由于性格特征、文化背景、成长经历、智力水平、自我防卫机制、认知的需求和式样以及成长的背景不同，在以同样的方式反馈得出相同评估结果的情况下，员工的反应各不相同。因此，为了达到积极的效果，在进行反馈之前，领导者有必要对员工进行研究，针对不同的员工，确定不同的反馈方式。

对员工的研究包括以下几个方面。

1. 与员工交往

在日常工作中，领导者要尽量亲近员工，与员工有更深层次的接触，增加了解员工的机会。通过这种直接交往，领导者能更加深入地了解员工，认识员工。

2. 观察员工

领导者要加强对员工的观察，通过对其行为举止、言谈习惯、在工作中的表现以及与其他员工之间的交往来确定其性格特征。

3. 间接了解员工

由于领导者很难从正面完全掌握员工的一些性格细节，因此领导者可以通过其他渠道增加对该员工的了解。比如，通过其他员工对该员工的评价、公司领导层对该员工的看法间接地获取该员工的信息，进一步加深对该员工的了解。

有了这些资料以后，再结合员工的文化背景、成长经历，以及成长环境，就可以深入了解员工了，知道他喜欢什么、讨厌什么、忌讳什么、对什么样的反馈方式可以接受、对什么样的反馈方式不能接受。

当领导者对员工有了充分了解之后，接下来领导者要做的就是反馈方法的选择和运用了。反馈的过程实际也是一个沟通的过程。因此在反馈时可以采用正式反馈，也可以采用非正式反馈，即正式沟通方式或非正式沟通方式。

1. 正式反馈

正式反馈包括面谈式反馈、集体讨论式反馈和网络电子信函式反馈，其中以面谈式反馈为主。

领导者在运用正式反馈的时候应注意以下几点。

（1）尽量少批评。显然，如果一位员工的绩效低于规定的标准，那么必然要对其进行某种批评。然而，一位有效的领导者则应当尽量减少批评。因为当一位员工面对个人所存在的绩效问题时，他往往是同意自己应当在某些方面有所变化的。所以如果这时领导者仍然再三地举出其绩效不良的例子来，那么无疑会令员工产生一种防卫心理。

（2）通过赞扬肯定员工的有效业绩。反馈就是要帮员工找出他在工作中存在哪些需要改进的问题。当然，这并不是说，领导者就要时时把焦点放在员工所存在的问题上。事实上，绩效反馈就包括查找不良绩效，但更重要的是对员工有效业绩的认可。赞扬员工的有效业绩有助于强化员工的相应行为。此外，它还可以向员工传达一个信息，那就是领导者并不仅仅是在寻找员工绩效的不足。

（3）领导者要注意自己的表达方式。领导者在进行负面反馈时，需要注意自己的表达方式，应避免给员工造成不必要的心理负担。举个例子来说，如果领导者这样对员工说："你把事情搞得一团糟，你根本就没有用心去做！"那么必然会导致员工产生抵触心理和强烈的反感。相反，如果领导者对员工说："你之所以没能够按时完成这个项目，是因为你在其他项目上花的时间太多了。"结果可能就会好很多。

（4）把重点放在解决问题上。许多领导者在绩效反馈方面常会犯一个很"简单"的错误，那就是不就事论事。他们常喜欢在绩效反馈时对绩效不良的员工进行惩罚，因而导致在向员工传达信息的时候，总是反复强调他们的业绩是如何糟糕，应该受到怎样的惩罚。领导者的这种做法不仅不能令员工改善绩效，还会伤害员工的自尊，强化他们的抵触情绪。

2. 非正式反馈

对于一些特殊的员工，领导者仅仅通过正式反馈方式是很难达到既定的目的的。这时就需要领导者采用一些非正式的反馈方式。比如，可以请员工在休息的时间吃顿饭，在饭桌上和员工谈谈，也可以在休闲场所和员工闲聊，等等。由于采用的是朋友式的关心，而且也少了办公室中紧张压抑气氛的干扰，员工比较容易接受，也能心平气和地和领导者沟通。

另外，在对员工进行反馈的时候，还有一个领导者不能忽视的重要程序，那就是鼓励员工诉怨。不同的领导者对某项评估指标在认识上的差异，可能导致员工不能接受评估结果，进而产生不满情绪。这种情况，鼓励员工诉怨就成了缓解员工不满情绪的最佳方法。企业可以建立一个诉怨中心或诉怨办公室，鼓励员工去诉怨，并在这个过程中解决问题。良好的交流和诉怨是反馈的工具，是实现反馈目的的手段。领导者通过这种互动式的交流可以最大限度地实现反馈，使绩效评估工作圆满完成。

反馈是一种向员工传输别人对其评价的一种机制，向员工提供了评估其行为的机会，使他们可以考虑是否改变其行为，及对行为改变产生的结果进行反思，同时，在反馈沟通的过程中，也可以使领导者知道现在所执行的方法等是否合适，是否有消极的作用，双方都能从反馈的信息中受益。

智慧锦囊

为了达到积极的效果，在进行反馈之前，领导者有必要对员工进行研究，针对不同的员工，确定不同的反馈方式。

第一时间应对危机和突发事件

可以说，在处理企业危机这一问题上，速度就是效益，一旦危机产生，企业领导者首先要明白速度等于一切，每一个部门、每一个合作伙伴都要跟随危机而行动起来，牵一发而动全身。如果企业在时间上失去企业危机管理的控制，那么危机的影响力就会随着公众的种种猜测以及媒体报道的推波助澜而一发不可收拾。

现实生活中，我们发现一些企业领导者在遇到企业危机后都采取逃离、躲避的态度，他们认为，一切问题都会随着时间的流逝而自动解决的。因为他们面对危机的心态通常是侥幸心理、鸵鸟政策、推卸责任、隐瞒事实，这些错误的态度不仅无助于企业危机管理，反而会造成更严重的危机。

那些能迅速解决危机的企业，通常都是因为领导者有较强的应急能力。我们先以中美史克为例：

中美史克在 2000 年因为 PPA 事件，受到的冲击非常大，之前它在国内感冒药市场上有将近六亿元的销售额，占了市场份额 80% 以上。在感冒药不允许有 PPA 的情况下这家企业很可能面临灭顶之灾，但是这家企业却处理得非常成功。

中美史克处理事件的速度特别快，2000 年 11 月 16 日，公司接到天津卫生局传真，要求立即停止销售含有 PPA 成分的药物。16 日上午，中美史克立即成立了危机管理小组，确定了应对危机的立场基调；沟通小组，负责信息发布和内外部的信息沟通；市场小组，负责加快新产品开发；生产小组，负责组织调整生产并处理正在生产线上的中间产品。

16日上午，他们的危机管理小组发布了危机纲领——执行政府暂停令。不管对错与否，不管有理与否，首先表现了对政府、对社会、对客户的利益的尊重和负责。事发后他们通知经销商立即停止销售，停止广告宣传和市场推广活动。大家都知道，停止销售每天都有巨大的经济损失，高达几百万元。但是在这种危机面前，企业必须承担损失，而不能拿企业的利益与政府、媒体、公众进行对抗，他们只能争取在最短的时间内重塑或挽回原有的形象。

中美史克危机处理的经验告诉我们：它处理危机和突发事件的速度非常快，并且非常细化，这一点是中国的很多企业做不到的。雷厉风行本身就是积极的信号，一旦危机事件出现，不要拖，不要满不在乎，应该积极响应，这是非常重要的。

因此，在危机发生之后的最短时间内，企业必须集中一切能利用的资源来解决危机。

那么，针对这一问题，企业领导者该如何处理呢？

1. 稳定情绪

也就是说，企业遇到危机，作为领导者，要表现出积极的态度，不要发牢骚、不要辱骂、不要辩解等，如果这时不控制情绪的话，影响会非常大。事实上，很多领导者平时在企业内部就不会控制情绪，高兴了就开会给员工洗脑，不高兴就开会骂人。如果把这种恶习带到公众的面前，只会加速企业的灭亡。

2. 抓住五个"第一时间"

第一时间寻求专业公关公司的帮助，进行危机控制；

第一时间通知企业全体员工，以达成一致的意见，避免企业员工在面对采访时不知所措；

第一时间组织人员，对危机事件进行调查，并让新闻发言人发布公司正在采取的措施；

第一时间疏导媒体，尽量让媒体沿着良性的方向对事件进行报道；

第一时间把真相告知政府部门或者相关权威机构，树立公众信心。

通过以上手段，便可以在时间上进行企业危机管理的初步控制，这是在任何危机来临的时刻首先要采取的措施。

企业发生危机后的一分一秒都是十分珍贵的，因为随着危机的进展，在时间上会失去控制，而随着危机的进展，各种不可测因素也会增加，通常是屋漏偏逢连夜雨，即便一个原本与危机并不相关的事件也会被公众认为是危机的原因。所以，在发生危机的最短时间内，企业一定要做好危机应对和处理工作。

智慧锦囊

一旦危机产生，企业领导者首先要明白速度等于一切，每一个部门、每一个合作伙伴都要跟随危机而行动起来，牵一发而动全身。

协调好企业的内外部环境

企业只有充满活力、内部关系融洽、外部环境友好，即生产经营管理好、企业发展推动好、职工利益维护好、企业文化建设好、人才队伍培养好、社会责任履行好，才能真正实现和谐发展。

当然，如何协调好企业内外部环境，是每一个领导者需要长期努力的目标。对此，领导者需要从两大方面进行努力。

1. 协调企业内部环境

企业内部环境也称企业内部条件，它指的是企业内部的物质、文化环境的总和，包括企业能力、资源以及文化等各个方面的因素，还包括企业的指导思想、经营理念和工作作风等价值体系。

内部战略环境是企业内部与战略有重要关联的因素，是企业经营的基础，是制定战略的出发点、依据和条件，因此，更是竞争取胜的根本。

在《孙子兵法·谋攻篇》中孙子曰："知己知彼，百战不殆。"因此，面对瞬息万变的市场大潮，企业在制定战略目标的时候，除了要知彼外，还要知己，这里的知己，便是要分析企业的内部环境，并认清企业的优势以及存在的不足等，分析企业具有的优劣势的好处在于，可以充分利用自身存在的优势，制定战略性目标，同时又能避免企业的劣势，并改进企业劣势，最终做到扬长避短。

在对企业内部环境进行分析后，在具体的职能协调上，领导者需要从以下四个方面努力。

（1）风险评估。它指的是企业及时识别并分析企业生产经营和实现内部控制目标可能出现的风险，并及时找出应对策略。

（2）信息与沟通。它指的是企业准确、及时地收集与传递与企业内部控制相关的信息，以确保信息在企业内部能有效、畅通无阻地传达。

（3）控制活动。控制活动是企业根据风险评估结果，采用具体的应对措施，从而将风险控制在一定的可掌控的范围内。

（4）内部监督。内部监督是对企业内部控制与实施情况的检查监督，这样既能发现内部控制的不足，也能对内部控制做出有效的评价。

2. 协调企业外部环境

这里，我们可以简单地将其归为除了企业内部环境以外的其他因素。对此，领导者面临以下三个方面的工作。

（1）竞争者。当今社会，任何行业，都必须走出原有的小圈子，积极地到国内外市场寻找客户。善于经营的企业不仅懂得寻找市场空隙，还懂得从其他竞争者手中争夺市场，因为在很大程度上，影响企业拥有顾客及用户多少的重要因素是竞争者的数量及行为。这就要求企业必须给顾客以更大的满足感，必须找出产品的优势，比如，价格上或产品包装上或售后服务上等。所以，企业对其竞争对手的动向必须密切关注，并将不良影响降到最低。

（2）供应者。任何一个企业，在售出产品的同时，还必须从其他厂家手中购进原材料、设备等，对此，企业要做到多手准备，尽量不要过分依赖一个供应者，这样做的好处有两点：第一，避免一个供应者哄抬价格，如果将原料的采购分散于几个供应者，则他们之间为了竞争可以给予较优惠的价格，同时也可以使供应者的产品质量符合规格并能按期交货。第二，一旦唯一的供应者的供货出现问题，那么，就有可能对企业的正常运营状况造成影响。

（3）用户。产品的销售策略不应当是一成不变的，它应随着不同的用户和市场而有所变化。但无论如何，企业都不可忽视产品质量、价格、样式以及服务，注重这些问题，才可能吸引新客户，留住老客户。企业获取利润的来源就是客户，没有客户，任何企业都将面临倒闭。为了影响用户，赢得用户，企业必须了解用户需求和购买意愿，尽可能地投其所好。

从长远来看，市场经济中企业必须为用户不断变化的需求服务，这样，在竞争中才能立于不败之地。

任何一个企业都不是独立存在的，它处在一定的社会环境中并与社会、其他企业等各方面的因素产生联系。同样，企业自身也有其构成要素。因此，作为企业的带头人，每一个领导者就要协调好企业内部与外部的环境。

智慧锦囊

团队管理者要协调好企业内外部环境，这是一个需要长期努力的目标，企业只有充满活力、内部关系融洽、外部环境友好，才能长久和谐地发展。

左手文化建设，右手制度建设

制度有形，看得见摸得着，它往往以各种规章、责任制、标准、纪律、指标等形式表现出来；文化无形，它存在于人的头脑中，是一种精神状态，往往通过有形的事物、活动反映和折射出来。但两者却是水乳交融、不可分割的，有形的制度中渗透着文化。无形的文化通过有形的制度载体得以体现。

制度是文化的一种外在表现形式，体现着企业的内在精神，强调企业文化建设，离不开制度建设。制度建设对于企业文化的重要性毋庸赘述，现今我们花大力气搞制度建设，也是基于这一点。

然而，在具体的管理实践中，很多老板对"文化与制度"的认识不足，有些还经常陷入一种误区，如把二者对立起来，或者分不清二者在企业管理中的地位与作用。其实，制度也是一种文化，它更多地强调外在的监督与控制，是企业倡导的"文化底线"，即要求下属必须做到的。文化引领企业的方向，制度驱动企业前进。

美国新闻集团总裁默多克在谈企业的发展时强调，企业制度和企业文化是一个企业的灵魂，要想把企业做大、做强，必须重视对企业制度和企业文化的建设。

20世纪80年代，默多克将他的新闻公司改建成新闻集团，并且建立了一个完善的组织机构，包括董事会的建设等。在这方面，默多克对董事会成员的要求是：

一、必须具备企业家的敏锐度，准确把握市场信息，并对风险做出准确判断。

二、必须有着过人的危机处理和公关的能力。

三、对传媒业有着很高的造诣及相应的经验。

四、有战略眼光并敢于冒风险。

五、须具有高素质的老板和管理的能力。

默多克认为，企业必须具有一个完善、严格的制度，企业制度不仅反映了企业的发展规模，而且对企业文化的建设还有着重要的影响。董事会成立之后，默多克又着手建设企业文化。默多克要求新闻集团的高层必须履行以下职能。

一、为新闻集团的近期发展制定一个详尽、可行的发展目标；同时还要求对目标的实现辅以充分的数据来说明目标的合理性。

二、做好本职能的工作，建设自己的团队，形成凝聚力，并发扬新闻集团的价值观。

三、把自己的发展规划和经营思路深入贯彻下去，但不能违背新闻集团大的方针、政策。

四、本职能范围内，优化资源配置；本职能范围外，通力合作，为整个新闻集团的运行做好沟通的桥梁。

文化和制度虽然代表着两种不同的管理思维模式——前者是软性的，后者是刚性的，但两者所期望达到的目标是一致的，都是要使得团队治理水平和运行效率得到改善和提升，保障团队发展目标的实现。

具体来说，刚性的制度是构建现代企业管理的基础，形成了企业的骨架；柔性的文化是企业保持生机、活力的基础，形成了企业的灵魂和思想，它们共同作用使企业形成发展的基础和动力，并使企业成了一个生命有机体。

在企业管理中，企业文化和企业制度同样重要。制度永远不可能代替文化的作用，文化管理也不可以替代制度管理。可以说，"制度"和"文化"，就好像是企业的两只手，在一段时期内削弱任何一只都不行。一个企业如果只有文化没有制度，要么自然推动，要么软弱无力；一个企业如果只有制度没有文化，要么执行有力，要么执行崩盘。只有把软性的文化做到极致，把硬性的制度贯彻到底，软硬兼施，才能相得益彰，发挥出巨大的威力。

同样，对团队而言，制度和文化同样重要，左右着一个团队的命运和成败。对一个团队而言，"制度"犹如"实"的，"文化"是"虚"的，但这种"虚"的文化会促进"实"的制度落实得更实在。制度文化离开具体的制度文本就会成为无源之水、无本之木，制度文本离开文化的导向便会沦落为单纯的、生硬的条文。只有二者融合，才能使团队成员心悦诚服地接受团队的行事法则——从而产生一种"我们团队就是这样做"的自豪想法，营造一种具有向心力和约束力的文化氛围，使团队成员把个人奋斗同团队发展结合起来，在实现个人价值的同时也实现了团队的价值。所以，老板在进行团队管理时必须做到一手抓制度建设，一手抓文化建设，实现企业制度和企业文化的一致，形成统一协同的共生关系，推动和保障企业战略目标的实现。

一切制度都是人的制度，一切文化也都是人的文化。说企业制度和文化是企业的灵魂，实际上是强调人在企业中的根本地位。企业的制度和文化建设就是一个企业生存、发展的灵魂，虽然企业的灵魂说起来比较抽象，但它在公司下属的心里是一种价值取向、一个工作目标和工作的使命感。企业不是一大群人体工作机器的松散组合，而是一个有血有肉、有思想有情感有理性的有机整体，正是企业的制度和文化，实践了以人为本的科学信条，成为贯穿企业各项工作的生命线。

智慧锦囊

> 只有把软性的文化做到极致，把硬性的制度贯彻到底，软硬兼施，才能相得益彰，发挥出巨大的威力。

化敌为友，为己所用

作为一位管理者，不但要对自己的忠诚者怀有包容之心，就是对和自己有不同嗜好或主张的敌对者，也要如此。

在商界，凡是成功的企业家都有宽广的胸襟和气度。当然，这一点是在赢得更多利益的前提下。洛克菲勒就是这样一位胸怀宽广的石油巨子。

从敌人阵营中选出最有生存竞争力的强者，进而吸纳到自己的阵营中，这是洛克菲勒获得人才、扩大企业的捷径。在他的美孚石油公司里，高层的领导成员，大多数是由先是敌人后成为合作伙伴的强者组成的。其中有一个叫亚吉波多的人，就是他在产油地区的第一个敌人及合作伙伴，同时也是一个曾经激烈反对过他的人。

一天，亚吉波多在家中设宴款待同行业的企业家，曾作为洛克菲勒过去敌人的他，这时发挥了他的伏兵作用。

"不知道你们现在考虑得怎么样了？我认为，今后在这种地方进行独立经营是越来越困难了！"见大家都在沉思，亚吉波多说出了给美孚石油公司帮腔的话。

"你们看看，他们不是一个个都相继倒闭、破产了吗？难道还要继续这样折腾下去吗？是该联合起来的时候了！"

过了几年后，亚吉波多又在泰塔斯维成立了艾克美（ACME）公司，帮助洛克菲勒收购同类行业的股票……不久后，他就被提升为美孚石油公司的副董事长。在洛克菲勒退居二线后，他便坐上了第二任董事长的宝座。

春秋时期的霸王齐桓公之所以能称霸诸国，全靠宰相管仲的辅佐，否则他的霸主地位早就被撼动了。但就是这样一位功臣，也曾因王位继承的问题与齐桓公针锋相对过，甚至还刺杀过齐桓公。因此，在齐桓公登上王位之后，曾想惩罚管仲。但后经鲍叔牙的苦苦相劝，不仅赦免了管仲，而且还立他为相。

管仲大为感激，为报齐桓公的知遇之恩，在政治上尽倾其能，不仅使齐国强盛起来，更使齐桓公以称霸天下。

如果齐桓公对曾经和自己敌对的人缺乏包容之心，又不肯接受鲍叔牙的忠言，或许就不会有日后的成就。他能够包容管仲，并将政治实权交给管仲，这种开明的做法，成就了他日后的伟业。

如果对于"敌人"不能够包容，会使他们认为反正已经走投无路，只好决一死战！反之，如果有"投降仍能得到礼遇"的保证，那么对方就不会考虑做无谓的困兽之斗。作为企业领导者，要真正地做到知人善用，必须学会"容才"，这是知人善用的前提。

作为一家企业的领导者，在日常的管理工作中，凡事要具有包容别人的胸襟，绝不能受细节或感情的束缚。只有这样，才能使各种人才齐聚你的麾下。如果能进一步把这些人才放在最合适的位置，那么他们的潜能就能极大限度地发挥出来。

智慧锦囊

　　作为企业领导者，要真正地做到知人善用，必须学会"容才"，这是知人善用的前提。如果对于"敌人"不能够包容，会使他们认为反正已经走投无路，只好决一死战，这对企业无疑是有害的。

挽留辞职中的关键员工

　　目前，在激烈的市场竞争作用下，公司的关键员工已成为众多企业，特别是竞争企业争夺的对象。

　　所谓关键员工，是指那些在企业生产、经营和管理中起着不可缺少作用的一些员工。他们可以是中高层管理人员，也可以是掌握公司核心技术的科研人员以及掌握重要销售渠道和客户的一线销售人员，甚至也可以是蓝领岗位上的特殊技术人员等。关键员工的跳槽将对企业造成立即或潜在的影响，有时对企业的影响甚至是灾难性的。

　　而面对激烈的市场竞争、企业间的购并、各种媒体的透明招聘广告、频频出击的猎头，许多原本稳定性较强的关键员工在各种诱惑下也纷纷跳槽。

对领导者而言，没有什么事情会比一位关键员工突然提出辞职更为震惊的事了。谁能代替他？工作如何进行？在感到慌乱之前，领导者首先应该了解员工辞职的原因。

通常，领导者在与关键员工沟通前，应做好充分准备。首先，要注意选择合适的人；其次，注意选择合适的时间和地点，这两点的选择以保密为首要原则，这样能给关键员工改变主意的余地；最后，要推断出关键员工辞职的几种可能，并且要针对推断的结果制定不同的谈话策略，以提高谈话的成功率。

在与关键员工沟通时，领导者要与之推心置腹。初次沟通时，应侧重从关键员工的角度出发，以咨询为主，尽可能全面地掌握员工辞职的真实原因。在二次沟通前，领导者要进行人才价值评估，衡量关键员工为单位带来的效益，及外聘同类人才的成本，从而计算出公司为能留住该员工而愿意支付的成本；二次沟通时，领导者可从公司的角度出发，以陈述为主，尽可能地说明关键员工对公司的重要性及公司对员工的认可度，同时表明公司为留住他而愿意支付的成本。

在与关键员工沟通后，领导者应主动联系他，了解他的想法，同时也为公司制定下一步策略争取时间。在与想要离职的关键员工谈话之后，领导者就应该对谈话所获得的信息进行分析，想出一个说服员工留下来的办法。挽留方案应该有很强的针对性，击破他们的心理防线，而要做到这一点，领导者与他的谈话就很关键。领导者需根据关键员工所陈述的辞职理由，进行耐心的说服。要让关键员工认识到他对企业的看法是由误会而引起的，而且企业是造成这一误会的主要责任者，企业会很积极地纠正这一误会。这时，请一些重要的企业管理人员与他一起进餐等方法会很有用，很能说明企业挽留他的诚意。

挽留跳槽的关键员工的难易取决于两点，首先是关键员工自己的意图和价值取向，其次是引发辞职的具体事件。其中某些类型的员工容易挽留，而另外一些类型的关键员工则不容易挽留。

不容易挽留的关键员工大概有以下几个特点。

（1）他们喜欢追求工作的成就感，独立性较强。他们非常渴望成功、晋升和物质的富有，他们喜欢开创自己的事业。企业的薪酬水平低、发展空间小、工作没有挑战性等都可能成为他们辞职的原因。

（2）他们个人主义色彩比较强烈。喜欢有难度的工作，同时喜欢冒险。他们会经常批评自己的上级，或者对上级及公司的管理不满。这类关键员工辞职往往是因为与上级关系不和谐，或者对公司管理现状失望。

（3）他们非常具有工作意识。他们对公司和工作都表现得非常忠诚，有强烈的团队认同感。他们能够经常为公司着想，遵守工作的规章制度和工作流程。他们也非常喜欢帮助其他员工完成工作。

而容易挽留的关键员工大概有以下几个特点。

（1）他们喜欢安稳的工作环境，不太喜欢频繁的跳槽。他们喜欢做例行的事务性工作，对薪酬、工作成绩、晋升等没有太高的要求，但是他们特别注意与同事的人际关系，渴望与同事们友好地相处。这类关键员工的辞职多半是因为在工作中受到了委屈。

（2）他们思想和行动的独立性都很强，能够坦诚直言。他们非常重视自己的学习或专业经验的积累，善于钻研本专业的知识，希望自己在行业中有所成就。这类关键员工辞职主要是因为他们在公司无法发挥自己的才能，或者没有机会得到更大的发展，或者他的上级对他的工作干涉过多。

（3）他们情感丰富，同时也比较情绪化。他们非常注意工作中的和谐、强调工作中的合作关系，比较容易感情用事。这类关键员工辞职也可能是因为在工作中受到了委屈。

辞职的关键员工到底是属于哪一类型，有时并不好判断，可能还要借助自己的一些经验和感觉。如果领导者能够判断出来哪些关键员工容易挽留，并有的放矢地进行重点挽留，就可以大大地降低企业的人才流失率。但"亡羊补牢，未为晚也"，防患于未然最为重要。领导者要挽留关键员工，需坐下来，静下心，想一想员工，想一想下一个问题是什么，将会出在哪儿，怎样来避免等。

智慧锦囊

　　如果领导者能够判断出来哪些关键员工容易挽留，并有的放矢地进行重点挽留，就可以大大地降低企业的人才流失率。

第六章

怎么说，员工才肯听；
如何听，员工才肯说

批评要有客观依据，不可主观

领导者在批评员工的时候，常常会批评员工的工作能力，稍不留意便会牵扯员工的基本素质。人的基本素质是难以改变的。所以，当你在批评别人的基本素质时，实际上是在告诉员工：你已无法变好了。因此，当员工的基本素质受到批评，他们会失去改正的希望，甚至陷入迷茫状态。

作为领导者，当指责员工时，一定要让员工明白，自己做出的处罚决定，绝不是针对他这个人，而是针对某件事。很多员工会觉得，他们在受到处罚后，人格也受到了侮辱。因此，领导者应该通过交流思想让员工明白：所有的处罚都是为组织的利益与发展而实施的，并不是故意伤害他人的感情。

作为领导者，批评员工时可以这样说："小张，你这次的展览会办得不是很好。"而不能说："你怎么这么迟钝，这么笨呀！"

也不能这样说："小王，这篇报告你不应这样写。"切勿说："小王，你的文化程度需要再提高啊！"可以说："杨主任，你的这个计划应该再修改一下。"切勿说："杨主任，你的领导水平实在是太差了。"

像"迟钝""领导水平差""文化水平低"这些都是很难在短期内改变的基本素质，这样的批评不是说员工做事做得不好，而是说员工的办事能力不行，是对他人某一方面的全盘否定。

除非是上面所说的这些素质问题的确存在，且十分严重，不指出不足以使其通过别的途径加以弥补，才可以委婉地提及。切勿在批评当中直接指出别人的基本素质和工作岗位职责不匹配的地方。

然而，有些领导因对员工存有偏见，就把批评指向员工无法改变的某些因素，而这些因素又与员工是密不可分的，指责这些也就意味着是在指责这个人。比如，有些领导会对员工这样批评："你工作很不主动，主要是因为你在某某地方长大的，那里的生活方式太懒散了。"

这样的批评必然得不到好的效果，因为该员工在某个地方长大这是事实，是无法改变的。难道仅仅因为这个原因，他就只能是一个懒散的人？而且，这样的批评伤害了员工的自尊。

聪明的领导者都知道，批评要对事不对人。在批评之前和之后，都要设法表扬一番，力争用一种友好的气氛来结束谈话。若你能用这种方式处理问题，那你就不会把对方激怒。批评是批评员工所做错的事，所以领导者要注意不要牵涉员工本身。其实工作没有做好，其原因是员工的能力不足，而不是员工的人格有问题。

智慧锦囊

作为领导者，当指责员工时，一定要让员工明白，自己做出的处罚决定，绝不是针对他这个人，而是针对某件事。

下属更需要"留面子"

作为下属，人人都想受到他人的尊重，得到老板的认可，希望自己有头有面。但面子哪来？一方面是靠自己争取，另一方面就要靠老板"给"。

如果老板善于给下属留"面子"，不但能给下属带来莫大的激励，激发其更加发奋工作，而且还会增加自己在团队中的非权力因素影响力，令下属更敬重自己。

遗憾的是，在现实中，很多老板并不懂得给下属面子，而且总想找机会在下属面前彰显自己的权力。如总喜欢不分场合地对下属指手画脚，当众呵斥，发脾气。他们以为这样做会激发下属发挥更大的能动性，其实并非如此，可能一时会奏效，但却无法长久，因为它会造成人为的心理紧张，对下属自尊心是一种极大的伤害。即使其当时被迫接受了，内心深处也会留下阴影，且次数越多，阴影面积会越大，自卑心理越强，意志日益消沉，直至自暴自弃。这对用人、激励人是没有任何好处的。更有可能的是，有一天这种结怨会爆发出来。

刘德亮是某公司质检部的一名质检员。在一次产品质检的过程中，他由于一时疏忽大意，没有及时检查出有质量问题的产品用料，给公司造成了不小的损失。

在月底的一次生产部门会议上，产品质量总监董辉当着众人的面厉声质问刘德亮："你就是这样做质检员的吗？你是瞎子吗？还是脑袋缺根弦，不知道这个材料质量有问题吗？你当了几年质检员了？这点小问题都发现不了，真怀疑你有没有能力继续做下去！回头写份报告给我！"

刘德亮在公司里是出了名的好脾气，但他听到总监这样批评他时，也禁不住皱起了眉头。董辉看着刘德亮不服气的样子，更加生气了，走到刘德亮面前说："不服气吗？有本事就把工作做好，工作做不好，还不让人说，你以为你是天王老子啊！公司请你这种闲人，简直是在浪费资源！"

刘德亮再也忍不住了，冲着董辉大喊道："我不过是做错了一件事，你至于这么诋毁我吗？我不是瞎子，头脑正常，做错事我愿意承担责任，不像你一天到晚就知道像疯狗一样乱叫！"

于是，两个人你不让我、我不让你地大吵了起来。同事们都过来劝架，两人谁都不退让，惊动了总经理。总经理好说歹说总算平息了这次"风波"。

总经理让董辉到自己办公室，对他说："你让我很失望，我没想到你这么不理智，跟一个下属开战，这对公司的影响太坏了。你回去仔细反省一下自己，想想该怎么做。"董辉挨了总经理的批，垂头丧气地回自己的办公室了。

刘德亮经过这件事后，工作热情削减了很多，经常迟到早退，动不动就休假，董辉根本管不了。三个月后，刘德亮向董辉递交了辞呈。

据说，刘德亮去了另外一家公司，依然做质检员，而且颇受上司赏识。

"人有脸，树有皮"，这句话道出了人性的一大特点：爱面子。对于大多数人而言，面子是尊严，尤其在中国，从古到今，"面子"一直是个非常敏感而又玄妙的东西。很多人可以丢钱财，但面子不能丢，面子是头等大事。

董辉在众人面前伤害了刘德亮的自尊，结果引起刘德亮的强力反抗。到最后，董辉不仅在上司和下属面前颜面尽失，而且还失去了一个好下属。因为一时气愤说出伤人的话，结果搞得上下不讨好，真是得不偿失！如果董辉没有当众批评刘德亮，而是私下同他研究质量问题，不但可以使产品质量问题得到正当解决，还能保护下属旺盛的士气，对各方面都有好处。

老板当众批评下属是不明智的，这会刺伤对方的自尊心，引发强烈的抵触情绪，产生"我偏不干好"的逆反心理。所以，无论下属发生了什么问题，处理时一定要讲究情面，给对方以足够的面子。

身为老板应当经常换位思考，设身处地地替下属着想。如果下属犯了错误并自知是自己的失误引起的，作为老板就应该给他"台阶"下，让他摆脱尴尬的局面，使他免于丢面子。这样下属必定对会对老板更加感激，更加尊重，今后会更加注意避免错误的发生。总之，老板一定要保护下属的自尊心，给他们以足够的面子，不要因为工作上的一点失误就当众批评他。

石油大王洛克菲勒有一位同事名叫贝特福特，他既是洛克菲勒的合作者，也是他的下属。

一次，贝特福特独自负责一桩南美的生意。不幸的是，这次他失败了，而且输得很惨。

贝特福特感到实在是没脸再见洛克菲勒，料定下次董事会洛克菲勒一定会毫不客气地批评自己。为此，他非常紧张。

这天，公司召开董事会。贝特福特硬着头皮来到会议室，只等着洛克菲勒对他的批评。

"贝特福特先生。"洛克菲勒开始讲话了。

贝特福特心里一阵发紧。

"首先，我可以肯定你在南美确实做了一件不成功的事情。但是，"洛克菲勒的语气变得十分缓和、亲切，"大家都明白你确实尽力了。虽然这次失败了，但是我相信在这件事情上没有人会比你做得更好，而且我们正在计划让你重整旗鼓……"

一席话，让贝特福特倍感温暖，先前的抑郁情绪一扫而光。他又重新找到了自信。尤其是在董事会上洛克菲勒没有让他难堪，这让他心中充满对洛克菲勒的感激。

事实证明，给下属留面子，宽以待人，自己并不损失什么，反而会赢得下属的感激之情。所以老板在批评下属或与下属发生不愉快时，要舍弃那种咄咄逼人的姿态，克制自己的言行，为他保留颜面。只有这样，下属才会心生内疚、悔改之意；只有这样，下属才会对我们心怀感激之情。

给下属留面子是一种境界，也是一门学问。当下属犯错误时，进行批评最好的方式就是暗示，用意味深长的口吻说出来。间接指出下属的错误，要比直接说出口来得温和，且不会引起下属的强烈反感。特别是那些对直接批评会非常愤怒的下属，间接地让他们去面对自己的错误，会产生非常神奇的效果。

智慧锦囊

如果下属犯了错误并自知是自己的失误引起的，作为老板就应该给他"台阶"下，让他摆脱尴尬的局面，使他免于丢面子。

重赏之下，必有勇夫

常言道"重赏之下，必有勇夫"，这个"赏"不一定是物质的刺激，更包括精神上的赞赏。金钱的激励不仅会增加管理成本，而且刺激强度会一次比一次小；但赞赏就不同了，赞赏根本不需要花费什么，甚至只是领导一句赞美的话语、一个佩服的眼神、一次真诚的点头，就能满足下属精神上的需求，让下属感激你、信任你，并为你的团队忘我地工作。

赞赏能使人感到人际间的理解，领略到人世间的温暖，并产生赞赏者与被赞赏者之间的良性心理交流。领导与下属的交往一定要遵循这一原则。

成功学之父、人际关系学之鼻祖卡耐基就曾大声疾呼：领导要对员工"慷慨地赞赏"。

一家成功的大型企业的老板在谈到成功的秘诀时说："很简单，就是赞赏下属。"这一点没有夸张，赞赏就具有如此的魔力，它能使对方感到满足，使对方兴奋，而且会有一种想要做得更好以讨对方欢心的心理。

如果一个小孩得到别人的赞赏，那他的成绩会大有进步；如果一个男士得到意中人的赞赏，会乐得几晚睡不着觉；而一个下属若能得到领导的赞赏，他肯定会尽力表现得更好。

中国古话中的"士为知己者死"说的也是赞赏的巨大激励作用。这话出自春秋战国时期的大侠豫让之口，豫让本人也确实做到了。

豫让是智伯的家臣，智伯很欣赏他，对其委以重任。在智伯被消灭以后，豫让千方百计为他报仇。为了刺杀仇人，豫让不惜把漆涂在身上，使皮肤烂得像癞疮，后来又吞下炭火使自己的声音变得嘶哑，就连妻子也不认识他了。虽然最终失败了，豫让却用生命报答了智伯的知遇之恩，也诠释了赞赏的力量是无穷大的。

我们每个人都有一种强烈的愿望，就是被人赞赏。领导对下属的赞赏，能大大地满足他们的荣誉感和成就感，使其在心灵上受到鼓励。

对于赞赏在管理中的重要性，玛丽·凯·阿什说："金钱之外，人们最想得到的还有两样东西，那就是认同和赞赏。"

这位自认为对于金融财政一窍不通的女人，却实现了自己的理想，创造了一个化妆品王国。她成为领导者的经验就是："我们认为员工们需要得到成就的认可，因此我们总是尽可能地给予他们赞赏。"

为了激励员工，玛丽·凯·阿什煞费苦心。在公司每年举办一次的颁奖晚会上，都有数以千计的化妆品推销员在掌声和喝彩声中领取各种各样价值不菲的礼品。出类拔萃的员工能在鼓乐声中接过鲜花，得到加冕。此外，玛丽·凯·阿什还经常联系出版社或者杂志社来宣传优秀的员工，对他们的业绩表示肯定。

相对于物质奖励来说，精神上的赞赏更具有优势。从领导的角度来看，赞赏不需要多少本钱，同样能满足下属的荣誉感和成就感。

玛丽·凯·阿什就说过："假如你不想向你的工人分发卡迪拉克车、钻石戒指和貂皮大衣，那就认可他们的劳动、肯定他们的成果吧！最有效的激励根本不需要花费什么代价，它只是简单的赞赏。"

而从下属的角度看，工资和收入都是相对稳定的，不会指望在这方面有多少意外的收获。他们常常很在乎自己在领导心目中的位置。

特别是下属很认真地完成了一项任务或做出了一些成绩之后，领导不给予认可与表扬的话，就会严重挫伤下属的积极性，认为反正老板也看不见，干好干坏一个样。

对于下属渴望赞赏的心理，领导者应该牢记下面几句话：每个下属都是利己主义者，他需要某种程度的被注意、被欣赏和被承认；

每个下属都是对自己比对别人更感兴趣；每个下属都希望他是最被领导所器重的人；从领导面前经过的每个下属都希望被领导看重和高度评论；每个下属都在不同程度上渴望被别人重视，他希望能成为领导在工作中不可或缺的一个人。

既然赞赏是一种方法，就要讲究一定的技巧，不是随便胡诌几句就能达到赞赏的目的，方式不当还会适得其反。

赞赏下属，必须掌握适当的时机和分寸。哪方面值得赞赏？在什么环境下赞赏？赞赏到什么程度？这都是有学问的。良好的赞赏一般都具有下列特点。

1. 真诚相对

领导之所以赞赏下属，是因为下属确实有可取之处，值得领导的钦佩与肯定。

赞赏只是手段而不是目的，如果为了赞赏而赞赏，赞赏就会变得无中生有或者牵强附会。比如"您老亲自上厕所啊"之类开玩笑的话，会让下属感觉是在戏弄他而不是赞美他。

2. 恰如其分

赞赏要与客观实际相符合。既要找准下属的优点与业绩，又要实事求是地评估，不能夸大其词。

比如，一个下属顺利地完成了一件平常的工作任务，你说"辛苦了，干得不错"就行了，他听了会感到特别高兴，如果你说"感谢你做出的划时代的贡献"，下属就会觉得你在说反话，是对他工作的不满。

3. 词能达意

在赞赏的时候，要想好怎样说话，因为一不留神就可能说反了。

比如，某员工平时姗姗来迟，这天却早早来到办公室做清洁工作。你就不能说："今天来得真早，难得难得！"对方听了以为你在批评他平日来得晚。如果说"你今天真早，吃饭了吗？"这样既赞赏了下属，又含有关心之意，下属听了会感到很舒服。

4. 时机恰当

领导对下属的赞赏不是随时都漫天飞的，而是要选择最恰当的时机。

一般来说，下属工作很努力、很艰苦的时候；下属在接受工作指派的时候；下属取得了工作成果的时候，在这样的情况下他们往往极其渴望得到领导的承认与欣赏。在这些时候，领导应该及时赞赏，满足下属的精神需求。

5. 选择合适场合

赞赏还要选择地方。当下属取得骄人业绩的时候，可以选择当众赞赏或奖赏；当希望下属更上一层楼的时候，可以在私下谈话中赞赏，因为没有什么成绩就当众赞赏，会引起其他下属的不满；还可以在其他人面前称赞另外一个下属，让第三者转达你的赞赏，这往往会产生意想不到的好效果。

6. 形体语言

赞赏主要是靠语言来完成的，但也应该重视动作、眼神、姿态等形体语言来表达领导者的赞赏之情。比如，给予真诚的微笑，能让下属倍感温暖；一个真诚的眼神，能表达你对下属的关注与尊敬；轻轻地拍拍肩膀，能迅速拉近与下属的心理距离，增加下属的信心与归属感……形体语言能让下属更加强烈地感受到来自领导者的赞赏是真诚的。

赞赏是一种成本低、见效快、回报率高的管理方法，领导者的一句话、一个眼色就有可能得到意想不到的回报。赞赏还是沟通情感、鼓励员工、激发士气的最佳手段。因此领导者要在管理活动中，充分利用赞赏这个法宝，以达到提高管理效率的目的。

智慧锦囊

领导对下属有分寸、有技巧地赞赏，能大大地满足他们的荣誉感和成就感，使其在心灵上受到鼓励。

和年长的下属如何沟通

总有身边的人说："已经是'00 后'的天下了，我们老一辈的人就要退出舞台当观众了。"的确，"00 后"的孩子们已经在上大学，而一大批"90 后"，早在很多年前就已步入社会，分散到不同岗位中，大部分公司，都不难看到年轻的面孔，有些能力出众者，已经脱颖而出，走上了管理岗位，成为领导者。但是，年纪较长者也仍然在为社会和企业贡献自己的力量，扮演着重要的角色。

这一现象势必会导致一个问题：年轻的领导者不知道怎么和年长的下属沟通，不知道怎么领导他们的工作；而年长的下属，觉得自己经验丰富，资历深厚，而年轻人缺乏历练，能力尚浅，不可能带好一个团队，所以不服从年轻领导者的指挥。甚至有一些年长者还摆出一副"我就是觉得我的方法是对的，不会听你的"的姿态，和年轻领导者唱反调，故意找茬儿，严重者，还会撂挑子，在更上一级领导面前"恶人先告状"。

面对这个棘手的问题，一些年轻人束手无策，总是以一种商量的口吻和他们说话，给他们安排工作，比如：

"严叔叔，您现在有时间吗？有的话，请您帮忙做一下这个工作，可以吗？"

"严叔叔，昨天交给您的工作您做好了吗？做好了，请您现在发给我吧……没有啊……那您明天可以做好吗？不行啊……那后天呢？还不行啊……那您说个时间吧！"

"严叔叔，明天公司要全体开会，您能帮忙记录一下会议内容吗？"

……

其实，这种态度反而会助长年长下属的气焰，使他们越来越不服从团队的制度和领导的命令。语气不妨适当地强硬一些，让年长者明白，做好这些工作是他们分内的事情，是不容商量和推脱的，比如：

"严叔叔，您负责这项工作吧！"

"严叔叔，上次交给您的工作完成了吧！？还没完成？那您明天的这个时候给我把，抓紧时间！"

刘建明是一名"80后"，由于为人诚恳、做事认真，近期被公司领导提升为主任。一名年龄较大的下属原本以为论资历、论业绩，主任一职非自己莫属，没想到被一个乳臭未干的毛头小子给占了，对此颇为不满。

为了表示不满，这名下属经常在工作上故意刁难刘建明，不但不配合他的工作，还拖他的后腿。刘建明知道这名下属工作经验丰富，这些年已经把公司的大多数客户掌握在自己手中，所以公司根本离不开他。骂又骂不得，管又管不得，怎么办呢？刘建明无计可施，整天被这名年长下属气得唉声叹气。

后来听了朋友的话，刘建明想出一个主意，对年长下属说："您的人脉资源广，世面见得多，更适合坐在主任的职位上。可是您知道为什么公司领导安排我，而不安排您吗？"

年长下属问："为什么？"

刘建明说："您再有两年就退休了，所以主任一职早晚要交给年轻人。我觉得对您来说，什么职位已经不重要了，重要的是退休前帮助公司领导培养接班人，顺利退休拿退休金。您这两年就是我的老师，应该多教我为人处世，怎么才能把工作做得更好。我对您也恭恭敬敬，不把您当下属看，咱们工作上互相配合，生活上就做个忘年交。您意下如何？"

听了这话，年长下属终于心理平衡了，加上担心退休前因为和领导关系不好而影响退休后的退休金，也就不再继续闹下去了。

面对年长下属的故意刁难，首先，年轻领导者应给予足够的尊重，肯定他们所做出的成绩和贡献，其次，要表明一种态度，告诉他们，没有人会取代他们的位置，把他们排挤出这个团队，同时，还可以安排他们担任公司里老师的角色，让他们指导年轻人某些方面的工作，从而感受到大家对他们的喜欢和拥护。如果有还是有故意找茬儿的，要抓住容易击溃其心理防线的办法，主动出击。但要注意的是，不能因为觉得抓住了人家"软肋"，使用威胁的方法，否则，只会适得其反，使关系越来越僵，从而破坏整个团队的和谐。

智慧锦囊

面对年长下属，年轻领导者首先应给予尊重，肯定他们所做出的成绩和贡献；其次，表明没人会取代他们的态度；同时，还可以让他们指导年轻人某些方面的工作，从而感受到大家对他们的喜欢和拥护。

从沟通中发现和解决问题

沟通在企业管理中的作用不可小觑，日本经营之神松下幸之助说过："企业管理过去是沟通，现在是沟通，将来还是沟通。"可以说管理人员沟通技巧是否成熟在一定程度上决定了经营的成败。

也就是说，管理说到底是人的管理，就是做人的工作，因为人的因素是企业成功的关键所在，而这中间，观念整合是先导。管理者最重要的任务就在于培养起与员工之间健康的关系。而要实现这一点，就必须要做到高效的沟通，这也是管理的精髓所在，正如美国著名未来学家奈斯比特曾指出："未来竞争是管理的竞争，竞争的焦点在于每个社会组织内部成员之间及其外部组织的有效沟通上。"事实上，所有的管理问题归根结底都是沟通问题。我们先来看看下面这个故事：

有这样一个小男孩，他的工作就是替人割草。一天，他叫来他的朋友，给了这位朋友 5 美元，希望他能打电话给一位老太太。

电话拨通后，男孩的朋友开始按照男孩教给他的提问："请问您需不需要割草？"

老太太回答说："谢谢，不需要，我已经有了割草工。"

"可是，我会帮您拔除额外那些杂草。"

"我的割草工已经做了。"

此时，男孩的朋友继续说："我会帮您把草与通道的四周割齐。"

老太太回答："我请的那个割草工也已经做了，他做得很好。谢谢你，我真的不需要新的割草工。"

当听到老太太这样的回答后，男孩便暗示朋友可以挂电话了。此时，这位朋友很不解地问男孩："我不明白，你明明就是老太太的割草工人，为什么还要打这个电话？"

割草男孩说："我只是想知道老太太对我工作的评价。"

这个故事的寓意是：沟通是必要的，只有勤与客户、老板或上级领导沟通，你才有可能知道自己的长处与短处，才能够了解自己的处境。

生活中，我们随时随地需要与人沟通。在企业管理中，领导者的大部分时间也是用在沟通上。开会、谈判、谈话、做报告是最常见的沟通形式，撰写报告实际上是一种书面沟通的方式，对外的各种拜访、约见也是沟通的表现形式。

孙武云："上下同欲，士可为之死，为之生。"沟通创造和谐，赢得人心，凝聚出一股股冲天士气支撑着企业大厦。人心所向，发展何忧？以沟通管理企业，就是以成功锻造企业丰碑。当然，沟通是一种必需，也是一种艺术。这就需要领导者在管理工作中针对不同的沟通对象，灵活运用各种沟通方法，从而真正做到高效沟通！

现代企业中，很多管理者正是因为认识到这一点，才实现了靠沟通式管理取胜。比如，美国通用电气公司，任何一级领导，上至最高领导，下至每一级负责人，都对员工实行"门户开放"政策，公司上下，并不互相称呼职位，而是直呼其名，无尊卑、贵贱之分。另外，这些领导与负责人鼓励员工们随时进入他们的办公室反映情况。为此，大家相处得十分融洽，像一个大家庭。依靠这种感情沟通式的管理，通用电气公司以惊人的速度发展着。这种沟通式管理给人以深刻的启迪。

再比如，在日本，一些企业内部都设置了一个"出气室"，这个小房间内，放着公司主管及一些领导者的人体塑像，旁边还放着大棒。受到委屈的员工，尽可以到那里向这些塑像发泄，将他们痛打一顿后，怨气也就随之冰释。这种沟通方法实在高明。

其实，任何一个领导者都能认识到，在企业内，大多数问题都可以归结为沟通上的问题，比如企业常见的效率低下的问题，实际上往往是由沟通不畅或不懂得沟通而引起的。另外，企业里执行力差、领导力不高的问题，归根到底，也与沟通能力的欠缺有关。

管理沟通对提高一个组织的绩效至关重要。一个企业中的员工不可能不进行沟通，即使沉默也传达了一种组织的态度。

作为领导与上级，应做到与员工高效沟通，通过良好的沟通让员工感觉到企业对自己的尊重和信任，因而产生极大的责任感、认同感和归属感，促使员工以强烈的事业心报效企业。同时，打破等级制度，充分强调家庭般的和谐和温暖；部门之间互通信息，互知甘苦。这就需要沟通，需要高速、有效的沟通。此外，沟通还能化解矛盾、澄清疑虑、消除误会。

> 有效沟通，是管理的精髓所在，"未来竞争是管理的竞争，竞争的焦点在于每个社会组织内部成员之间及其外部组织的有效沟通上。"

当面交流才能洞见真心

在管理过程中，无论是安排工作、化解冲突，还是进行计划控制，都需要良好的沟通。一个优秀的团队领导必是将自己 70% 的时间用在与他人的沟通上。这是因为管理者在做出一项决策之前，必须先从下属那里得到一定的信息，而信息只能通过与下属进行沟通交流才能得到。决策做好后，就要进入实施阶段，这也需要与下属进行沟通，否则就无法按照预期的计划执行。

作为团队领导，你所面对的挑战是确定自己的谈话风格，并了解这样的风格在面对不同下属时的得与失。沟通不同于上下级关系的管理，是横向的交流而不是纵向的命令与服从。与下属面对面的沟通，是沟通管理中最为有效的一种沟通方式。

据说"二战"期间，美国有一个小伙子与一个姑娘热恋了，可惜好景不长，美国正式宣战，小伙子入伍远赴战场。此后，无论是在战斗间隙还是战壕静守，无论是白天还是黑夜，一有时间，小伙子便给姑娘写信，遥寄相思之苦。几年后，战争结束了，小伙子荣归故里，姑娘准备好当新娘，但新郎不是小伙子，而是天天给姑娘送信的邮递员。

这是在一家商学院销售培训课上的一个著名案例，它强调的是任何热烈的方式都替代不了面对面的沟通，因为人大部分的信息来自眼睛。

在 IBM，为避免雇员由于经理人员的偏袒或个人好恶而受到不公平待遇，在老沃森的倡导下，IBM 推行所谓的"开门政策"，员工有任何不满，随时可以向公司最高领导反映。这最终成为 IBM 的一种正式制度。这一制度本身也会对管理人员产生一种温和的影响。

无独有偶。沃尔玛的董事长萨姆·沃尔顿也很重视与员工的面对面交流。他在一篇文章中说："我们都是人，都有不同的长处和短处。因此，真诚的帮助加上很大程度的理解和交流，一定会帮助我们取得胜利。记住，老板必须总是把员工放在自己的前面。如果你能做到这一点，你的事业将会一帆风顺。"他在视察分店时，经常向员工提到两个问题：你在想些什么？你最关心什么？通过与基层员工聊天，了解他们的需要和困难。

员工抱怨公司的不足，指出公司的弊病，无非是想让领导重视这些问题，想办法改变不良的现状。所以，团队领导不能对员工的抱怨充耳不闻，不能对员工的意见和建议置之不理，更不能对这类员工产生偏见；而应主动放低姿态，走近员工，了解他们的所思所想，了解他们的需求和困难，这样才能体现团队对员工的人性化关怀，使其感受到被尊重、被重视，从而提高工作积极性。

当然，面对面交流需要讲究技巧，具体如下。

1. 平等交流

由于职位不同，下属对上级往往有一种畏惧心理，非常在意上级对自己的态度。永远不要以谈判或审判这种错误方式面对下属，沟通应是心与心之间的交流，包括情感、思想和观念的交流。在这个意义上，你和下属是平等的，所以应适当把自己放低，别让下属"仰着脸"看你。

与下属沟通的目的不在于说服对方，而在于寻找双方都能够接受的自由交流方式，因此，沟通的语气很重要。降低自己的姿态，真诚谦虚，不要以先知者和必胜者的心理自居，不要老是一副严厉的面孔，而要用一种朋友间沟通的平等心态去和下属沟通。

2. 注重方法的变通

方法正确才能减弱或者消除下属的戒备心理，所以要根据下属的情绪状态和个性特点来采取适当的沟通方法：或直接指出问题所在，表达自己的态度和观点；或旁敲侧击，暗示下属；或转移注意力，在谈笑之中让下属明白你的意思。

3. 满足合理需求

所谓合理需求，就是对团队发展和工作开展有利的，或者对大多数人有利的需求。面对下属的请求，应及时给予答复，切忌拖拖拉拉，应该让下属看到公司的办事效率，增强下属对领导的信任，在做出分析后，尽快满足下属的合理需求。

4. 解释拒绝的原因

对于不合理的需求或暂时无法满足的要求，应该直接给出理由，不要让下属有被蒙蔽的感觉；对个别过分的请求则要直截了当地提出警示。

沟通作为一种相互交换信息、交流情感的手段，一直伴随着我们的成长。如果说管理是引导群体和个人一起完成团队目标的过程，沟通则是管理的灵魂。对团队领导来说，只有与下属进行面对面的交流，才能获得更多的理解和支持。

智慧锦囊

任何热烈的方式都替代不了面对面的沟通，因为人大部分的信息来自眼睛。对团队领导来说，只有与下属进行面对面的交流，才能获得更多的理解和支持。

在掌握分寸的前提下灵活表态

古人云："事之难易，不在大小，务在知时。"就是讲尺度、分寸的问题。尺度感和分寸感，能够体现一个领导者的领导艺术水平。而工作中的表态，也恰恰需要掌握好所谓尺度和分寸的火候。

领导者经常需要表态，这种表态对于下属来说，可能是指示、要求，也可能被认为是对某种事的定论。因此，领导者的表态绝不可随心所欲。表态要有根有据，既不做老好人，又不无谓得罪人。领导者的角色地位决定了领导者必须持重练达，不论讲什么话，表什么态，都不能超越一定的原则限度。

领导者表态，应该在坚持原则的基础上发挥灵活性，这样更易达到事半功倍的效果。

上级有明文规定的事情，领导者就必须按规定表态，没有明文规定的，则应结合实际表态，灵活性是原则性在运用过程中的必要补充。

表态应讲究尺度、分寸，达到"适度"。适度程度越佳，表态的效果就越好，达到最佳适度就能获得最好效果。领导者与被领导者之间的关系，既有双方情感的交流、情绪的感染，又有双方心理上一定色彩的凝结，只有态度诚恳，领导者的表态才会对下属产生指导、激励作用。

一般来说领导者在表态之前应做到：必须清楚了解问题的真正含义和问话的真正意图，设法获得足够的思考时间，考虑好是直接表态还是委婉表态，对不值得表态的问题不必表态。表态时，应做到因事、因人而异。对关系复杂、不宜把握的问题，领导者应把握时机，注意场合，适时委婉表态。

智慧锦囊

领导者的角色地位决定了领导者必须持重练达，不论讲什么话，表什么态，都不能超越一定的原则限度，在坚持原则的基础上发挥灵活性，更易达到事半功倍的效果。

三思而后说，欲速则不达

有时候，没有铺垫而开门见山的说话，往往会让人觉得突兀，甚至无法接受，尤其是求人帮忙办事时，说得太直接，直奔主题，被求者总是因为事情来得太突然，一时之间不知作何反应，甚至会因此而反感。

世界上没有完全相同的两片树叶，同样的道理，也没有完全相同的两个人，所以，要根据谈话的对象来决定自己的说话方式。需要他人的帮助时，如果觉得对方是一个很愿意伸出援手的热心肠的人，那么就不必拐弯抹角，直接说出自己的需求。反之，就要讲究一定的方式方法了。

第二次世界大战期间，一名士兵长途奔袭，已经筋疲力尽。他来到一户人家，希望向这户人家讨点汤喝。

士兵对这家的女主人说："我已经很久没吃东西了，能给我一碗汤充饥吗？"

女主人一脸不悦，毫不犹豫地回绝了。

士兵将一把斧头拿出，对女主人说："既然这样，就请您借我一口锅吧，我想煮斧头汤喝。"

女主人非常好奇，想看看这名士兵如何煮斧头汤，就把锅借给了他。

士兵把斧头放进锅中，等水烧开后拿勺子品尝了一口，对女主人说："拿点盐出来吧，太淡了。"

女主人往锅里放了些盐。士兵又尝了一口汤，对她说："味道不错，只是少了些白菜，家里有白菜吗？"

女主人非常好奇斧头汤是怎么做出来的，就往锅里加了点白菜。

士兵装模作样地又尝了一口，连连赞叹道："太棒了，太棒了，如果再放进一些肉末就大功告成了，肯定会非常美味。"

听了这话，女主人又加进一些肉末。

士兵把斧头捞出，开始喝这锅美味的白菜肉末汤，女主人如梦初醒。

故事中的士兵，无疑是聪明的，在直接说出自己的需求遭到拒绝后，他采取了迂回战术，设置了一环紧扣一环的"圈套"，使女主人不知不觉满足了自己。

说服也是同样的道理，大部分人都不愿意被人强迫着放弃自己的观点和立场。这时候，不妨循序渐进，步步为营，像爬梯子似的一点一点说出自己的要求。

作为一个团队的领导者，在说服下属时，不妨也像这名士兵一样，先说出一个对方能满足的要求，以此为引子，慢慢为自己创造有利的时机。

有一位总编需要一位助手，想从身边的编辑中选一位。

经过一段时间的考察，他发现刘欣是最佳人选，因为她各方面都很突出，非常适合做自己的助手。

可是，刘欣是个女孩，比较恋家，希望有一天可以离开大城市回到老家，因此想说服她做助手不是一件容易的事情，需要从长计议。

有一天，总编请刘欣吃饭，席间对她说："你的文笔不错，我想请你帮我个忙，替我写一篇新闻稿。负责这件事的小王刚辞职，但是这篇新闻稿明天就要刊登在报纸上，希望你能帮我一把。"

吃人家的嘴短，拿人家的手软。虽然不太乐意，可是刘欣只得应允下来，答应帮总编写一篇新闻稿。

等刘欣把写好的新闻稿交给总编时，总编读了一遍又一遍，对她大加称赞，夸奖她说："你这文笔不写稿子简直是埋没了人才。这周的工作比较忙，你就受点累，再帮我一周吧！我抓紧时间招一名新员工来顶替你。"

刘欣无可奈何，只能答应帮忙写一周。

一周过后，总编又提出让她帮忙写一个月、两个月……最后直接让刘欣担任这个职务，劝她不要回老家了。就这样，刘欣成了总编的助手，专职负责这项工作。

虽然刘欣是最合适的人选，但总编心里清楚，如果直接去说服刘欣放弃她的想法，按照自己的来，肯定会遭到拒绝。于是，总编以帮一个小忙开始，逐渐把刘欣引到自己"设计"的套路上来，从而达到了说服目的。

一千个读者有一千个哈姆雷特，同样，一件事情可能会有千百种表达方法。"欲速则不达"，领导者在开口说服下属之前，首先应该想：就这个下属的性格而言，他会不会接受我的这种说话方式，如果不会，我应该怎样改变策略。如果说出的话对自己没好处，还不如保持沉默。面对不易被说服的人，会说话的领导有足够的耐心，懂得如何细化目标，一步步完成说服工作。

智慧锦囊

面对不易被说服的人，会说话的领导有足够的耐心，懂得如何细化目标，一步步完成说服工作。

沟通要换位思考

说服是个技术活儿，在说服他人的时候，如果我们能够做到比对方更关心他的目的，我们的说服计划已成功了一大半。因为只有如此，我们才能实实在在地赢得他人的信赖和好感。

我们和别人交流时，用的最多的一个字就是"我"。这说明不管你是谁在任何时候，在你的内心深处最关心的人都是自己。换句话说，你的目的永远是最重要的。

若是换个位置，站在对方的立场上想一想，你是这种心态，那么你想要说服的对象，肯定也是这种心态。这种想法本身并没有对错之分，这种心态，是每个人最基本的心理状态。

但是既然你关心自己的目的，你想要说服的对象也关心他自己的目的，那么，我们不妨考虑一下这个策略，那就是你要比对方更关心他的目的，也就是所谓的"投其所好"。这就好比在他燥热难耐的时候，你悄悄地递来一把扇子。你的行动恰如其分地迎合了对方的心理，当然就走进了他的内心，赢得了他的好感和信任。

章先生和万先生都是某科技产品的推销员，不久前，他们都被领导安排到一位客户那里推销自己的产品，结果却大相径庭。

章先生这个人口才不错，说起话来滔滔不绝、绘声绘色。当他初到客户办公室时，还没来得及喘口气，就迫不及待地介绍起自己的产品，从质量讲到销路，又从现状讲到前景。虽然他的口才很好，不乏妙语连珠，但是客户多次不耐烦地想打断他的话。

最后，客户不耐烦地说："很抱歉，先生，我知道贵公司的产品很好，但是它真的不适合我们公司。所以，你可以停止演讲了。"章先生听了，一脸茫然，只好讪讪地离去。

同样是这家客户，万先生又是怎么做的呢？初来乍到的万先生没有张口就提自己此行的目的，而是利用和客户闲聊的空当，悄悄地观察对方的"底细"，从对方的办公布置等细节，他推测出对方的生活档次和消费品位。

于是，他没有向章先生那样一进门就主动为客户介绍自己的产品，而是先询问对方需要什么样的款式和档次，并且根据自己的判断，为客户仔细地分析该产品能够为客户省下多少开销。

到此，也许很多人会认为，万先生该向客户力推自己介绍的产品了，但是他并没有这么做，而是告诉对方，公司过段时间还会推出一款更新的产品，无论是从性能上，还是从节约客户开支来说，都是一个极好的选择，所以他建议客户若是不着急投入使用，则不妨考虑一下公司过段时间推出的这款新产品。

毫无疑问，万先生的话深深地感动了客户，他的话就像是丝丝甘泉，流入了客户的心里，不仅满足了客户的需求，还使彼此之间建立起良好、融洽的合作关系。

为什么会有如此截然不同的结局呢？原因很简单。章先生只关心自己的目的，却没有考虑一下客户的想法。他一门心思只想卖出自己的产品，却没有关心客户真正想要的是什么。他败就败在在还没有弄清楚客户需求的情形下，就贸然推销自己的产品。

同样的一款产品，万先生因为敏捷地捕捉到了客户的真实需求，进而针对客户的需求推销自己的产品，并告诉对方这款产品能够为其带来多少潜在的利益。可以说，他是真心为客户着想。万先生显然是赢在了策略上。他的每一句话都说到了客户的心坎里，因为那才是对方最需要的。

我们都知道，在人际交往的过程中，良好的说服能力往往能够使人际关系变得更加融洽，可以说，它是维系人际关系的重要纽带。相反，如果没有良好的说服能力，遇到事情总是处理不好，就很可能会给人际关系造成直接或间接的伤害。所以，我们要掌握良好的说服技巧，这其中之一就是站在对方的立场，满足对方的需求。

智慧锦囊

如果我们能够做到比对方更关心他的目的，我们的说服计划已成功了一大半，因为只有如此，我们才能实实在在地赢得他人的信赖和好感。

用最简洁的方式表明复杂的问题

宝洁公司的制度的特点是人员精简、结构简单，与公司雷厉风行的行政风格相吻合，它集中体现在该公司的标语"一页备忘录"里。

一次，宝洁公司的一位经理向总经理德普雷递交了一份厚厚的备忘录，上面详细介绍了他对公司问题的处理意见。没想到，德普雷看到后连翻都没翻，而是非常生气地在上面加上了这样一条命令："把它简化成我所要的东西！"然后吩咐将这份备忘录退回。

还有一次，一位主管递上来的报告非常复杂，德普雷在后面批示道："我不理解复杂的问题，我只理解简单明了的！"

这就是宝洁的风格。他们坚持只用一页便笺进行书面交流。宝洁公司要求员工不遗余力地将报告提炼浓缩到一页纸上，把问题搞清楚，把事情搞透彻才是最主要的，那些长篇大论就显得毫无必要了。对此，德普雷曾这样解释道："我工作的一部分就是教会他人如何把一个复杂的问题简化为一系列简单的问题，只有这样，我们才能更好地进行下面的工作。"

在宝洁，为了贯彻这种"一页备忘录"的原则，备忘录的写作甚至被当作一种训练的工具。对资历较浅的人员来说个备忘录重写10次是常见的事。公司资深经理或新任的品牌经理，在草拟备忘录时，一般也要至少打上五六遍草稿，才能达到"在一张纸上做到细致、慎思、严格"的要求。通过不断地重写备忘录，宝洁希望能够训练员工更加周密地思考问题，有效地沟通。一页备忘录的威力在于要点鲜明集中，比主旨散布在十多页上的分布式、复杂式的报告要简洁清楚。同时，一页备忘录也解决了很多问题。

首先，只有少量的问题有待讨论，审核的速度加快了，工作效率也提高了；其次，避免了大量的时间上的浪费；最后，这种精练的文章形式，使要报告的事情的含金量大大提高。管理者为了做到简洁有效地沟通，可以训练自己的下列交流技能。

（1）简明扼要地说明任务的性质。

（2）告知员工去做什么，如何去做。

（3）鼓励圆满完成任务的员工。

（4）与员工建立和谐的关系。

（5）与员工一起探讨问题，听取他们的意见，了解他们的感情。

（6）有效地委托职责，以便了解员工可能提出的问题。

英国著名首相丘吉尔在沟通中有一个非常重要的原则。就是沟通要讲究简洁明了。因为他觉得长篇大论的泛泛之谈只会让别人厌烦，不仅浪费自己和别人的时间，而且别人会在厌烦之中不自觉地将你之前和他说的话忘记。

智慧锦囊

把一个复杂的问题简化为一系列简单的问题，只有这样，我们才能更好地进行下面的工作。

打破等级壁垒，与下属平等交流

日本管理学家通过实践证实：每经过一个层次，信息失真率为 10%～15%；倘若信息传递的方向是上级向下属，那么，只有 20%～25% 被正确理解，反过来，下属向上级反映的信息中，能被理解的则不超过 10%。而解决这一问题的方法之一，就是与下属平等地交流。

现实生活中，每个人都渴望获得他人的尊重和认可，这一点，无论是国家元首还是普通人都无一例外。同样，作为现代企业和组织的员工们，也希望通过平等的交流获得上级或领导者的认同。任何交流，只有建立在平等的基础上，才会取得应有的成效。

而事实上，许多企业已经认识到沟通的重要性并予以重视，却往往忽视有效沟通渠道的建立。在企业中，信息的交流主要有三种：上传、下达、平行交流。前两种是非平等交流，第三种是一种平等交流。要想扩大沟通的有效性，就需要把平等的理念注入前两种交流形式中去。关于这一点，有个著名的"位差效应"。

那么，什么是"位差效应"呢？

这一效应来自美国加利福尼亚州立大学对企业内部沟通进行研究后得出的重要成果。这一研究结果表明，来自领导层的信息中，被下属真正知道并理解的只有 20% ~ 25%，而其中能向上级反馈的信息则不超过 10%，而平行交流的效率则可达到 90% 以上。

后来，经过进一步的研究，他们发现，正是因为平等交流是建立在平等的基础上的，所以它的效率很高。为了验证平等交流在企业内部实施的可行性，这些研究者尝试在企业内部建立一种平等的沟通机制。他们发现，建立这种机制后，企业领导和下属间的沟通能力提高了，他们在价值观、道德观、经营哲学等方面也能很快地达成一致；上下级之间、各个部门之间的信息能形成较为对称的流动。这样，他们得出了一个结论：平等交流是企业有效沟通的保证。而在沃尔玛，这一信条得到了完美的体现。

在沃尔玛公司，高层领导们一再强调倾听基层员工意见的重要性，即使现在公司规模不断扩大也是如此。

沃尔玛实行"门户开放"政策，这个政策的含义，即在公司内，任何时间、地点，任何员工都有机会发言，都可以口头或书面形式与管理人员乃至总裁进行沟通，提出自己的建议和关心的事情，包括投诉受到不公平的待遇。公司保证提供机会讨论员工们的意见，对于可行性建议，公司会积极采纳并用来管理公司。

沃尔玛公司的董事长沃尔顿先生也总是很乐于接见来自各基层的工作人员，他总是很耐心地听对方把话说完，如果情况属实，或者对方的意见正确，那么，他就会认真解决与之有关的问题。同时，他要求公司每一位经理认真贯彻公司的这一思想，并要付诸行动，而不是做表面工作。沃尔玛重视对员工的精神鼓励，总部和各个商店的橱窗中，都悬挂着先进员工的照片。公司还对特别优秀的管理人员授予"山姆·沃尔顿企业家"的称号。

沃尔顿还强调：员工是"合伙人"。沃尔玛公司拥有全美最大的股东大会，每次开会，沃尔玛都要求有尽可能多的部门经理和员工参加，让他们看到公司的全貌，了解公司的理念、制度、成绩和问题，做到心中有数。每次股东大会结束后，沃尔顿都会邀请所有出席大会的员工约2500人到自己家里举办野餐会。

在野餐会上，沃尔顿与众多不同层次的员工聊天，大家畅所欲言，交流对工作的看法，提出对公司的建议，讨论公司的现状和未来。每次股东大会结束后，被邀请的员工和没有参加的员工都会看到会议的录像，而且公司的刊物《沃尔玛世界》也会对股东大会的情况进行详细的报道，让每个员工都能了解到大会的每一个细节，做到对公司真实全面地了解。沃尔顿说："我想通过这样的方式使我们团结得更紧密，使大家亲如一家，并为共同的目标而奋斗！"

正是这种视员工为合伙人的平等精神，造就了沃尔玛员工对公司的强烈认同和主人翁精神。在同行业中，沃尔玛的工资不是最高的，但它的员工却以在沃尔玛工作为快乐，因为他们在沃尔玛是合伙人。

由此，作为现代企业的领导者，也应当看到平等交流在工作中的重要性，那么，领导者如何保证与员工平等交流呢？

（1）较高层次的管理者，应坚持走群众路线，注重实际和调查研究。

（2）要广开沟通和交流的渠道，尤其是要多注意利用非正式渠道。

（3）应增强自己的民主意识，平易近人，谦虚谨慎，不耻下问。

（4）要摒弃虚荣心，勇于承担责任，使企业内部形成浓厚的批评与自我批评的氛围，并且率先垂范，以身作则。

（5）在沟通和交流过程中，管理者应尽最大努力获取原始信息，即第一手材料，因为原始信息往往更真实。

很多企业都存在一个巨大的沟通问题——言路不畅。的确，当管理层次逐步增加，基层的声音就很难传达到高层领导那里。而要解决这些问题，最好的方法就是，要有积极的沟通意识，并积极开拓顺畅的沟通渠道，打破上下级之间的等级壁垒，尽可能地实现平等交流。我们还必须了解的是，管理者在与下属沟通和交流时，除了要尽力获得原始信息外，还应多了解反面信息，并在沟通和交流中保持信息内容的准确无误。

智慧锦囊

> 要解决言路不畅等问题，最好的方法就是，有积极的沟通意识，并积极开拓顺畅的沟通渠道，打破上下级之间的等级壁垒，尽可能地实现平等交流。

WITHOUT LEADERSHIP TO A
TEAM,YOUCOULD NEVER
BE A SMART MANAGER

第七章

懂得合理授权，才不会自己累

发挥关键人物的榜样力量

众所周知，一群羊必须有一只领头羊，一群大雁也需要一只带队的领头雁。在人类社会中，同样存在这种现象。

在企业团队中也需要有少数关键性的人物来带动整个团队的运转。拥有一个较强的团队，并不是要求团队中的所有人都能力出众，只需要有几个佼佼者便能实现整个团队的高效运行。在一个团队中，总是会有几个关键时刻拖后腿的人，或者执行不力，或者思想落伍。这时候，就需要优秀的人来带动这些落后的人前进，通过发挥榜样的作用感化这些落后者，促进整个团队的人都团结一心、共同奋进。

华人首富李嘉诚曾经是一个卑微的打工仔，但他独具慧眼，且善用人才，从而将一个破旧不堪的小厂发展壮大为跨国集团公司，而他本人也变身为华人首富。这个巨大而成功的蜕变自然离不开他出色的领导才华。李嘉诚曾经说过："如果不是有众多的人才为我办事，就算我有三头六臂，也难以应付这么多的事情。所以成就事业的关键就是要拥有一支高效的团队，协助你的工作，这便是我的成功哲学。"

一个人的智慧和精力是有限的，把事业做大必须借助优秀人才的力量。企业领导者更应该学会如何持之以恒地培养优秀人才，并且用他们去带动平庸的员工。正所谓"近朱者赤，近墨者黑"，用关键的、少数的人才带动整个团队的发展，用团队的进步推动整个企业的壮大，是众多企业的成功之道。

创业之初是艰苦的，李嘉诚深深地明白这个道理。为了给员工树立榜样，他身先士卒，增强了企业的凝聚力。1980 年，李嘉诚提拔盛颂声为公司副总经理；1985 年，委任周千和为副总经理。盛颂声负责生产，周千和主理财务，拥有了这样的左膀右臂，李嘉诚的企业迅速扩展壮大。在两位优秀人才的带领下，其他员工纷纷严格要求自己，兢兢业业，任劳任怨，辅佐李嘉诚创业，从而使公司在短时间内发展壮大。

有人说李嘉诚的内阁结合了老中青三代的优点，又兼备中西方色彩，是一个极佳的合作团队。另外，令李嘉诚骄傲的是，在团队协作奋斗的十多年时间里，公司的高层人员流失率不足1%，这样的人员流失率比香港任何一家公司都要少得多。

与李嘉诚一样，联想集团总裁柳传志也深深明白精英团队成员的重要性。早在 20 世纪 80 年代初，他就聘请科学家倪光南加入联想，提升团队的科技实力，最终研发出"联想汉卡"和"联想微机"，带动了联想的起步。企业的发展永远没有尽头，柳传志谋划着联想未来的发展道路，他多次南下香港，利用吕谭平的资源和人脉，为联想构思出合适的制度架构。

柳传志一直都是深谋远虑的人，懂得发挥精英人才的带动作用。因此，联想长期以来都不缺少精英。每当公司团队出现危机，柳传志总能寻找到最优秀的人才出面解决问题。他曾先后提拔孙宏斌、杨元庆和郭为等年轻人。这些初出茅庐的年轻人从来都没让柳传志失望，他们凭借敢拼敢赢的劲头，依靠自己的聪明才智逐渐让联想成为中国 IT 企业的领头人。

带好一个团队难，保持一个高效的团队更难，李嘉诚和柳传志的成功虽不能一模一样地加以复制，但我们仍可从中学得一二。在一些中小企业中，领导者要善于与团队成员进行沟通。真诚是团队信任的基础，领导者要经常与不同水平、不同层次的人进行交流，搞清楚大家的心理预期，从而在人才布局中游刃有余。

对待那些特别优秀的人，一定要委以重任，用他们的激励带动整个团队的激情，共同投入到企业未来发展中。领导者更要平等对待每一个人，尊重那些能力并不突出的人，为每一个成员都提供发挥其作用的机会，做到人尽其才。而对待有进步的员工，要大方地予以赞美，促使其取得更加优异的成绩。同时，领导者要明白，要成为一个优秀的团队，必须拥有一个共同的目标，因为这是团队稳定的因素之一。当然，团队的目标也不宜太长，因为时间会逐渐消耗队员的精力，降低士气。当团队中的人出现散漫状况时，往往需要那些关键的精英出面打气，鼓励他们继续咬紧牙关向前努力奋进。优秀的领导者能为团队制定合适的目标，并且将目标分成若干个中短期目标，分期实现，满足每个不同层次的人的需求。这样做有利于树立整个队伍的信心，增强团队的锐气，使大家获取成就感。

智慧锦囊

　　企业领导者应该学会如何持之以恒地培养优秀人才，并且用他们去带动平庸的员工；用关键的、少数的人才带动整个团队的发展，用团队的进步推动整个企业的壮大，是众多企业的成功之道。

建立科学决策机制，实行民主集思广益

一个优秀的领导者，往往不会独断专行，他们喜欢把自己的决断变成集体的决策。而决策这个过程，客观上就必须经过一系列的酝酿程序，诸如尽职调查、法律咨询、专家论证、集体讨论甚至进行票决。

通过决策程序，一是避免领导者"三拍"的情况发生，即思考时拍脑门，决策时拍胸脯，执行不利拍拍屁股放弃。建立科学的决策机制，通过一定的决策程序来集思广益，完善决策。而这种决策程序的本身也是领导与决策层成员之间沟通的过程，是让大家消化吸收的过程，是达成思想统一的过程。这种决策程序也将会是最后执行决策的重要保证。

哈佛管理丛书《企业管理百科全书》认为，企业最高决策集团"大概以 5 人或 7 人为佳"。法国管理学家法约尔认为，企业最高决策层以 4 ～ 5 人为科学合理。当然在实践操作中还是因地制宜。

二是做到师出有名，所谓名正则言顺。孔子说："名不正，则言不顺；言不顺，则事不成。"建立民主的决策流程，便于统一思想，团结上上下下的干部员工，劲往一处使，形成合力，众志成城。企业要避免发生像沈阳飞龙总裁姜伟的所为：自己突然决定飞龙进入修整期，开始整风运动，使集团领导层和上下员工摸不着头脑，结果陷入混乱，导致全线崩溃。

三是从制度上杜绝个人说了算。许多案例显示，企业一旦出现

违规决策，特别是企业老总一人"说了算"的局面，往往会给企业带来重大的损失，甚至导致毁灭性结果。

与"个人说了算"相反的是民主决策。所谓民主决策，就是由多数人裁决，也叫票决，少数服从多数，集体承担决策后果责任。当年陕甘宁边区民主气氛浓厚，农民根据谁得到选民豆子的多少来选出自己信得过的村长，就是用的票决制。在一般的情况下，要坚持2/3原则，即对待专家的意见，没有2/3以上的人同意，不要决断；对民意测评的意见，除非特殊情况，没有2/3以上的支持率，也不要决断。决策要通过反复论证、讨论、调研和不断交流以达成共识。

智慧锦囊

决策程序的本身也是领导与决策层成员之间沟通的过程，是让大家消化吸收的过程，是达成思想统一的过程，这种决策程序也将会是最后执行决策的重要保证。

试着用建议的方式下达命令

著名的人际关系学家卡耐基曾与美国最著名的传记作家伊达·塔贝尔小姐一起吃饭，她告诉卡耐基，在她为欧文·杨罗写传记的时候，访问了与杨罗先生在同一间办公室工作了3年的助手，这个人宣称，他从未听到过杨罗先生向下属下过一次命令。

例如，欧文·杨罗从来不说"你做这个或做那个"或"不要做这个，不要做那个"。他总是说"你可以考虑这个"或"你认为，这样做可以吗？"

他在口授一封信之后，经常说："你认为这封信如何？"在检查某位助手所写的信时，他总是说："也许我们把这句话改成这样，可能会比较好一点。"他总是给人自己动手的机会，他从不告诉他的助手如何做事，他让他们自己去做，让他们从自己的错误中学习成功的经验。

说到命令，人们可能会想到在战争故事中"军令如山"，领导下了命令，下级不得不赶紧执行，于是认为以命令方式去指挥下属办事效率最高。但在实际工作中却不尽如此。

下属不仅是被领导，还是领导者事业上不可或缺的伙伴。为此，在交代下属工作时，应尽量采用建议的口吻，而不是命令的口气。

例如，领导在命令员工去做事时，千万不要以为只要下了命令，事情就可以达成。做指示、下命令当然是必要的，然而，同时必须仔细观察考虑，对方在接受指示、命令时，有什么反应，他是在什么样的状态下、怎样接受命令的。

约翰·居克是一家小厂主管，有一次，一位商人送来一张大订单。可是，他的工厂的任务已经安排满了，而订单上要求的完成时间，短得使他不太可能去接受它。

可是这是一笔大生意，机会太难得了。

他没有下达命令要工人们加班加点地干活来赶这张订单，他只召集了全体员工，对他们解释了具体情况，并且向他们说明，假如能准时赶出这张订单，对他们的公司会有多大的意义。

"我们有什么办法来完成这张订单？"

"有没有人有别的办法来处理它，使我们能接这张订单？"

"有没有别的办法来调整我们的工作时间和工作的分配，来帮助整个公司？"

工人们提供了许多意见，并坚持接下这张订单。他们用一种"我们可以办到"的态度来得到这张订单，并且如期出货。

一些领导者总是喜欢颐指气使，有事就大嗓门地命令下属去干。他们认为只有雷厉风行才能产生最佳效果，命令别人去干事的时候也不看人家的意见如何。不是说："小刘，把这份材料赶出来，你必须尽你最快的速度，如果明天早上我来到办公室在我的办公桌上没有看到它，我将……"就是说："你怎么可以这样做？我说过多少次了，可你总是记不住！现在，把你手中的活停下来，马上给我重做！"

结果总是让下属面色冰冷、极不情愿地接过任务，去完成它，而不是做好它。

可是等工作交上来后，领导者就会大为失望。不禁有些生气："好了！看来你只是个平平庸庸、毫无创新的人而已！我对你期望很高，可你总是表现得令人失望！就凭你这个样子，永远也别想升职……"

如此情形，说明领导者与下属的关系完完全全地进入了一种"恶性循环"。这是怎么回事？毛病出在哪里呢？就出在领导下达命令的方式上！

自以为自己是领导，就有权在别人面前指手画脚，发号施令；就可以对别人颐指气使，呼来喝去；就可以靠在软绵绵的椅子里，指挥别人去干这个，去干那个？不！没有人喜欢这样的领导。因为身为领导必须有这样的自知，即便只是一名下属，与你不同的只有分工、职务，在人格上都是平等的，根本不存在什么高低贵贱之分。

所以，领导者想让下属用什么样的态度去完成工作，就用什么样的口气和方式去下达任务；想让下属做自己想要他做的事或是要下属改正错误，那就避免使用"命令"的口吻，不妨试试"建议"的方法。这种方法，不仅维护了下属的自尊，使下属以为自己很重要，同时还让下属希望与这样英明的领导者合作。

智慧锦囊

> 用"建议"的方法下达命令，不仅维护了下属的自尊，使下属以为自己很重要，同时还让下属希望与这样英明的领导者合作。

建立清晰的团队责任流程

所谓流程，简而言之就是一个或一系列连续而有规律的行动，这些行动以确定的方式发生或执行，促使特定结果的实现。

许多团队有流程，但是这些流程和其他制度一样，往往只是写在纸上，或者停留在团队领导的嘴上，或者是由公司强制执行，但不被团队成员所认同。那么到底应该建立怎样的团队流程并使这个流程能被很好地贯彻和执行下去呢？

从理论上讲，责任流程包括以下内容。

1. 流程体系规划

就企业（或某个团队）而言，流程体系规划首先要考虑为使企业能够有效地规范、治理并支持业务发展，提升利润空间，企业需要哪些流程。其次，为了便于流程管理，在做流程体系规划时，还需要建立分层分级的流程体系、明确流程之间的上下游及接口关系、识别基于阶段性战略目标的要害流程并进行重点监控等。

2. 流程设计机制

在这个阶段，需要根据流程规划设计文件化的业务流程，在流程中进一步细化、明确工作职责，设计流程要害绩效指标。这个阶段需要把握规范化和优化两个原则，具体可以从以下四个方面入手。

一是规范化：流程输入与输出明确；节点完整；活动规范明确，便于工作经验的积累与推广；有流程图、流程说明、表格。

二是职责清楚：流程角色分工和职责清晰。

三是设计流程绩效指标：通过流程的绩效指标体系，来判定流程运行绩效，并从战略角度确定流程的要害绩效指标。

四是适应性：流程适应企业（团队）战略发展要求，流程适应实际运作要求。

3. 流程实施与评审机制

流程建立起来后，重点在于实施，需要树立起流程的权威性，以及建立起流程的持续评审机制，从而牵引流程的持续优化。流程的实施与评审工作，一般包括发布、培训宣传、树立流程权威性，建立评审机制计划、方法，绩效测评并实施评审、实施奖惩措施等几个步骤。

4. 流程改进机制

针对流程实施与评审中发现的流程缺陷，需要进行流程的程序改进。不断融入企业（团队）阶段性战略要求，融入先进的治理思想，进而消除治理瓶颈，使流程持续优化、持续有效。

衡量团队管理是否走上正轨的一个重要标志，就是制度、流程是否被全体成员了解、熟悉、掌握和执行，是否有监督和保障措施。让团队成员熟悉、掌握各类制度、流程，不仅是保证工作质量的需要，也是满足团队长远发展和员工快速成长的需要。事实证明，没有一套科学完整、切合实际的制度体系，管理工作和员工的行为就不能做到制度化、规范化、程序化，就会出现无序和混乱，就无法形成一个工作井然有序、纪律严明的团队。

下面是一个常被用来说明管理混乱、互相推诿的例子：

在一家企业的季度会议上，营销经理 A 说："最近销售做得不好，但主要是因为竞争对手纷纷推出新产品。"研发经理 B 反驳说："最近推出的新产品确实少，但这是因为我们的预算少得可怜。"财务经理 C 说："削减你的预算，是因为公司的原料成本在上升。"采购经理 D 跳起来："采购成本上升是因为俄罗斯一个生产铬的矿山爆炸了，导致不锈钢价格上升。"人力资源经理 F 面对此情此景，无可奈何地苦笑道："这样说来，绩效考评不存在了，我只好去考核俄罗斯的矿山了！"

显然，这四个部门经理的职责都是清晰的，但每个部门经理"岗位职责清晰"的结果，并没有给企业带来期待的目标绩效，反而造成了相互间的责任推诿。因为部门与部门之间并没有构成"责任流程"，部门经理都只对自己的部门负责，而不对企业利润来源的客户负责。

现代企业组织的管理，遵循的是这样一个基本的管理逻辑：企业组织拥有一个既定的目标，管理工作就是为了实现这个目标；实现企业组织的既定目标，依赖的是企业强大的绩效实现能力；而企业组织的绩效实现能力，既不是来自传统的命令与控制能力，也不是来自单纯的岗位职责清晰，而是来自企业构筑一个组织的"责任流程"的能力。

但是，这个显而易见的事实并没有得到足够的重视。一些企业（团队）依旧认为组织效率不佳的原因在于岗位职责不清，所以"规范化管理"成了他们的口头禅和工作方向；而当岗位职责清晰却依旧无法获得效率时，问题又被转向了"有规定而不遵守、有任务而不执行"上，将其归咎于员工的责任心不强，于是，大规模的教育工作开始了，它有个好听的名字叫"企业文化"。很显然，假如没有组织责任流程，那么，一个流水线上的工人，无论他以怎样强大的责任心超额完成工作任务，他所制造的产品都可能是"增加库存"。事实上，"1+1+1"式的清晰的岗位责任的堆积，并不能自动实现团队目标绩效。

因为在岗位与岗位、部门与部门之间进行流程重组或再造的过程中，执行新的业务流程的并不是一个个冰冷的岗位，而是岗位上一个个活生生的人。每个企业组织在诞生后的漫长运营过程中，总是会形成相对稳定的人与人的责任关系——团队角色间的特定关系，从一般意义上说，传统企业组织里的"被管理者"，总是面向自己直接上一级"管理者"承担责任，而不是面向下一道工序或市场客户承担责任。显然，这是向上的、单向的责任关系，而不是向左或向右的、双向的责任关系。这种单程责任的车票，并不能支撑业务流程再造的流畅运行。

事实上，团队责任流程在任何情况下都是一个定值，这就意味着一方承担的责任较少时，另一方就会相应增加所要承担的责任。

前述的例子中，市场销量减少，各部门都找到了责任所在，但他们简单地将问题归结于原材料成本上涨是不对的。每个部门都有责任，财务部的预算分配是否合理，产品部的研发是否适应市场需求，销售部是否建立了适当的营销渠道……部门之间相互推诿，结果就只能由企业来承担责任。明确各部门乃至个人的责任，加强个人责任感，加强各部门对于企业的责任感，就需要从企业目标、部门（团队）目标、个人目标的角度出发。首先，需要确定的是企业目标和团队目标分别是什么，是否制订了合理的目标实施计划，在这个计划中，部门员工如何协力配合。其次，面对执行过程中的困难，如何根据问题寻求解决办法。假使问题的原因是客观的，无法避免的，就要找到新的解决途径，而不是在客观困难面前停滞不前，将责任归咎于企业目标本身。

每一个企业组织，都毫无例外地隐藏着自己的"责任流程"。发现团队里隐藏的责任流程，可以使用以下常见的提问方式。

一个岗位上的员工，究竟是对直接上级承担责任，还是对下一道工序承担责任？

一个具体的部门，究竟是对部门任务指标承担责任，还是对企业组织目标承担责任？

一个企业的最高管理者，究竟是面向内部个人任务承担责任，还是面向外部承担顾客责任？

这些问题在企业（团队）里常常混杂交叉，但它总是存在着一种事实责任指向——"事实责任指向"构成了企业（团队）里的"事实责任流程"；而责任的混杂交叉，正是企业（团队）责任流程断裂或混乱的表现。

因此，在整个流程中，除了建立相应的计划任务，组织相关成员参与执行外，还需要注意各个环节中各部门间的信息传递与反馈。

一个团队是由众多不同动机、需求与特性的人组成的，如果无法建立一个简单而透明的规范，就会产生很多矛盾，形成严重内耗，即使花很大的力气，也产生不了相应的成果。因此，团队管理的分级定位一定要清晰，并通过制度流程确定团队的职责边界。

智慧锦囊

　　流程建立起来后，重点在于实施，需要树立起流程的权威性，以及建立起流程的持续评审机制，从而牵引流程的持续优化。

别让打了折扣的执行成为发展的绊脚石

中国的企业家曾这样问前通用电气董事长兼 CEO 杰克·韦尔奇："我们大家知道的都一样，但为什么我们与你们的差距那么大？"杰克·韦尔奇的回答是："你们知道了，但是我们做到了。"

所以，一个团队应该树立"没有借口"的执行理念，使命必达，执行到位。

美国西点军校有一个流传已久的传统，学员在回答军官的问话时，只有四种回答："报告长官，是。""报告长官，不是。""报告长官，不知道。""报告长官，没有任何借口。"除此之外，未经允许不得多说一个字。200多年来，"没有任何借口"是西点军校最重要的行为准则，它加强了军令的威信，强化了学员的执行力。

有一次，美国陆军四星上将巴顿想提拔一名军官。为了找到合适的人选，他找来10个候选人，让他们马上在仓库后面挖一条长8英尺（1英尺=0.3048米）、宽3英尺、深6英寸（1英寸=2.54厘米）的战壕。

下达命令后，巴顿走进仓库，从缝隙中偷偷观察他们的表现。他发现，这些军官并没有马上动手干活，而是坐在地上抱怨不已，有的说："6英寸的战壕能干什么，又不能做掩护。"有的说："将军不该让军官来干普通士兵的活。"最后，有个军官站起身来，说："我们赶紧挖好战壕离开这里吧，管那个古怪的老家伙让我们挖这个战壕干什么！"

结果，巴顿提拔了这名军官，并处罚了那些牢骚满腹、消极怠工的军官。

员工的服从力和执行力是团队领导威严的体现。对团队领导来说，如果不能令出如山，就没有威严可言。清朝康熙皇帝曾经说过："大臣们可以你一言我一语地争论不休，皇帝却必须要独断专行。有时候正确与错误并不重要，重要的是天子要有天子的威严！"

同样，团队领导也应该有威严，发布一项命令之后，就要让员工坚决执行，绝不允许员工拖拖拉拉、打折扣地执行任务。只有这样，团队的决策才能落到实处，给团队带来效益，保证团队的发展。

东北有家企业，因为经营不善最后破产，破产后被一家日本财团收购。厂里的人原以为日本人能带来什么先进的生产模式或管理方法，然而，出乎意料的是，日方只派了几个人来，除了财务、管理、技术等要害部门的高级管理人员换成了日本人之外，其他的部门和人员根本没动。制度没变，人没变，机器设备没变。日方只有一个要求：把厂方以前制定的制度坚定不移地执行下去。结果怎么样呢？不到一年，企业就扭亏为盈了。日本人用了什么绝招吗？绝招只有一个：执行，无条件地执行。

为什么在市场竞争中，有的企业能够成功，而有的企业却遭遇失败呢？为什么在以变化、速度与危机为特征的市场经济大环境中，许多企业面对同样的市场、同样的客户，采取同样的措施、同样的策略，业绩却如此不同呢？为什么在同样的市场中，有的企业由小变大、由弱变强，有的企业却由大变小、由强变弱呢？这其实都可以用缺乏执行力来概括。在竞争日益激烈的现代社会中，"执行"这个词被提到了一个非常重要的位置上。企业的发展需要有力的执行，个人的成功更需要强大的执行力。

如果你喜欢足球，肯定知道向来以作风顽强而著称的德国国家足球队。德国足球成功的因素有很多，但有一点尤其值得推崇，那就是德国队队员在贯彻教练的意图，完成自己所担负的任务方面执行得非常得力，即使在比分落后或面对许多困难时也一如既往地执行。也许你会觉得他们过于死板，但事实摆在眼前，他们的成绩是斐然的。作为足球运动员，德国队队员是优秀的，因为他们善于执行，体现了高度的团队执行力。

其实，对于企业来说也是如此，员工的执行能力和执行态度是创造业绩的关键。许多企业都很重视这一点，并以此作为晋升的依据。

有三个人到一家建筑公司应聘，经过考试，他们在众多的求职者中脱颖而出。人力资源部经理对他们说了一声"恭喜你们"后，将他们带到一处工地，那儿有几堆摆放得乱七八糟的砖瓦。经理告诉他们先每人负责一堆，将那些砖瓦堆放整齐，说完就在三人疑惑的目光中离开了。

甲说："我们不是被录取了吗？为什么把我们带到这里？"乙对丙说："经理是不是搞错了，我可不是来干这个的。"丙说："别说了，既然让我们干，我们就开始干吧。"说完就开始干了起来，甲和乙也只好跟着干。还没完成一半，甲和乙就慢了下来。甲说，"经理已经走了，我们还是歇会儿吧。"乙也跟着停了下来，只有丙仍继续干着。

等到经理回来的时候，丙还有十几块就全码齐了，甲和乙完成的还不到一半。经理说："下班时间到了，先下班吧，下午接着干。"甲和乙如释重负般扔掉手里的砖，丙却坚持把最后十几块堆齐了。事后，经理郑重地对他们说："这次公司只聘用一人，刚才是最后一场考试，恭喜丙，你被录用了。至于甲和乙，你们回去不妨想一下自己之所以落聘的原因。"

有些人像甲和乙那样，接到任务后推三阻四，不能立即执行，即使执行也不愿执行到位。平时，他们总是踩着时间点上下班，上司或老板在的时候，表现出一副忙碌、认真工作的样子；上司或老板不在身边，就开始偷奸耍滑。他们总是在领导的一再催促甚至是苦口婆心的劝说下，才勉强把事情做完。他们做事总是好像有人在背后用鞭子抽着、用脚踢着，情不得已才去做一样，而且总是不停地抱怨老板的苛刻小气，埋怨社会的不公平，在工作中想方设法拖延、敷衍，每天算着领薪水的日子，工作对他们来说就像是苦役。

一般而言，员工执行力的强弱取决于两个要素：一是个人能力；二是工作态度。也就是说，要提高员工的执行力，必须从以下两个方面着手。

1. 提高员工的工作能力

没有工作能力的员工，通常无法按照领导的要求，保质保量地完成工作任务。要想提高员工的工作能力，应做好四个方面的工作。

（1）员工自身必须加强学习，提高自身素质。

（2）有步骤、有计划、分阶段地以培训进修、轮岗锻炼、工作加压等手段，帮助员工提高工作技能。

（3）进行现有员工的价值、潜力的开发。要让员工发现问题，思考问题，解决问题，不断挖掘员工自身的潜力。

（4）选拔合适的员工在合适的工作岗位上工作，对不称职的岗位人员进行调整或者解聘，这些都有助于员工整体能力的提高。

2. 转变员工的工作态度

态度积极与否，是员工执行力强弱的决定因素。态度是内心的一种潜在意志，是个人能力、意愿、想法、价值观等在工作中的一种外在表现。在一定程度上，态度就是竞争力，积极的工作态度是一个人在团队中脱颖而出的重要砝码。

要转变工作态度，可以从以下几个方面做起。

（1）注重团队文化的形成。通过建立有执行力的管理团队和严格的管理制度，重执行会成为一种优秀文化在团队中生根开花结果，从根本上使全体员工有一个良好的工作氛围，大家都有积极向上、要求进步的工作态度。

（2）强化员工的责任心。当员工对工作充满责任感时，就能从中学到更多的知识，积累更多的经验，就能从全身心投入工作的过程中找到快乐。这种习惯或许不会有立竿见影的效果，但可以肯定的是，当懒散敷衍成为一种习惯时，做起事来往往就会不诚实。在工作上投机取巧也许只会给团队带来一点点的损失，但却可以毁掉一个人的一生。

执行力对于一个团队来说，就是指执行上级决策和完成团队目标任务的能力；对于个人而言，就是想方设法把事情干成、干好的能力。要做到无条件执行，能力很重要，方法很重要，态度更重要。个人能力提高了，工作态度改善了，能够积极主动地做好本职工作，就能够提高整体员工的执行力。

智慧锦囊

发布一项命令之后，就要让员工坚决执行，绝不允许拖拖拉拉、打折扣地执行任务。只有这样，团队的决策才能落到实处，给团队带来效益，保证团队的发展。

不要忽视身边的小人物

管理工作本身做的就是人的工作，一个得不到下属和员工支持的领导是无法将管理工作做好的。另外，很多企业的小人物，他们虽然职位不高，权力也不怎么大，跟你也没有直接的工作关系，但是，他们所处的地位却非常重要，他们的影响无处不在。他们或者资历比你高，或者工作经验比你丰富，因此，他们可以称之为你的前辈，你的工作如果能得到他们的指点，就会少走很多弯路。而如果你忽视他们的存在，甚至目中无人，他们要是在你身上找点毛病、失误，实在是易如反掌。

要记住，你平时花在"小人物"身上的精力、时间都是具有长远效益和潜在优势的。在不久的一天，也许就在明天，你将得到加倍的回报。

从前，一只狮子抓住了一只老鼠，这只狮子禁不住老鼠的苦苦哀求而放了到嘴边的猎物，小老鼠临走时说："以后有机会我一定会报答你的。"

狮子说："你一只小小的老鼠能帮我什么呢？"

……

后来，狮子掉进了猎人设计的圈套，被猎人用巨网网住了，在生命垂危的时候，小老鼠带领它的家族成员，咬断了巨网的绳索，狮子得以逃生！

从这个故事中，我们能感悟到一个道理：不要以为人物渺小就忽略他们，有时小人物也会成为我们生命中的贵人，尊重每一位与你相识的人！

日常工作中，作为领导者的你，是不是经常忘记某个下属的名字，但某次会议上他却提出了一个建设性的意见，为你解决了一个大难题？你是不是曾经觉得你的助理毫无用处，但他却在某个关键性的场合为你送去了重要的资料？你是否……其实，工作中的每一个小人物都能成为领导者的左膀右臂，发挥着至关重要的作用。因此，作为领导者的你，千万不要忽略你身边的小人物。我们先来看下面这个哲理故事：

在一家大型公司，有两个领导，一个是行政部经理陈飞，一个是财务部经理向剑，他们俩曾经是高中同学，工作能力各有千秋。但在为人处世上，他们却完全不一样。

陈飞是个很和善的人，与公司的同事、下属、领导关系处理得都非常好，他很善于走群众路线。在日常工作中，对下属照顾有加，恩威并施。在业务上严格要求自己，从不放松，若是下属偶尔出了什么差错，他却能为下属着想，主动承担责任，为下属担保。每次出差，他总不忘给每个下属带点小礼物、小玩意儿，因此，他深得人心。

而向剑虽然工作成绩也不凡，但在对下属的管理中，却显得太过严厉，让人不敢靠近。一次，一位下属的妻子得了急病，这个下属把妻子送到医院后，急急忙忙赶到单位，耽误了几分钟。在公司，这位员工一直工作努力，从不迟到早退，但向剑还是不问青红皂白地进行了严厉的通报批评，并处以相当数量的罚款。结果导致他大失人心，怨声载道。

随着时间的推移，陈飞和向剑给公司员工留下了截然不同的印象。后来，在公司内部的人事调整中，陈飞由于工作业绩颇佳，而且口碑甚好，更符合一个高层领导的素质要求，被提拔为副总经理。而向剑工作虽说干得也不错，但他有失人情味的管理方式，在领导看来不得人心，不利于留住人才，只好继续待在原来的位置上。

从这个故事中，我们看到了一个小人物的力量，小人物的力量汇在了一起，足以推翻任何一个"大人物"。在职场上，有很多能力超群、业绩突出的优秀人才，往往因忽视小人物而大栽跟头，壮志难酬。另外，从管理角度看，你更不能小看那些平日不起眼的所谓"小人物"，他们的潜能会让你大吃一惊，甚至在关键时刻帮你解决一些关键问题。

那么，企业领导者和该如何与"小人物"相处呢？

（1）保持距离，不得罪他们，更不要与之产生正面冲突。

（2）和他们交朋友，朋友多了路好走，平时与他们多接触，等到有事才登三宝殿，就为时已晚了。

智慧锦囊

平时花在"小人物"身上的精力、时间都是具有长远效益和潜在优势的。在不久的一天，也许就在明天，你将得到加倍的回报。

发挥众人所长，组成互补型团队

在企业管理中，管理者应该关注的不应是某个人的力量，而是团队的综合实力。在一个团队中，每个人都有他的长处，作为管理者，如果你能很好地掌握他们的个性和优势，把他们放到最能发挥其作用的位置上，你就会发现，你得到了一个完美的"互补型"团队，并且，你的工作变得卓有成效，你的员工对你尊重并拥护。

对于任何企业而言，建设"互补型"团队，对企业的发展非常重要。很多企业过分重视个人素质、经验和成就，但是却很少考虑到每一名员工都必须在团队中工作，他的能力、优势、性格能否与团队的其他成员构成一种互补关系。对于某一特定工作而言，是不可能找到最理想的人选的，因为这种人根本就不存在。那么次理想的人选是什么呢？那就是能充分发挥自身优势，并和别人的优势相互补充的人，这类型的人能最大化地实现目标。

在一次战役中，由于战争的需要，临时招募了各行各业的人参军打仗。战役的将领临时编制了一支小分队，命令其驻守在一个小岛上。他们当中有大学教师、机械工程师、政府机构的办事员，也有泥瓦匠、小饭馆老板、裁缝铺的学徒，还有消防队员、小提琴手、汽车修理工，等等。一到岛上，他们就行动起来了。有的用捡来的木条、干草搭起了简陋的帐篷，有的用自制的工具支起了炉灶，还有的忙着施展烹饪手艺，人人都施展自己的拿手戏，在各自擅长的方面尽情地发挥。一顿丰盛的晚餐过后，还举办了一场热闹的晚会，大家有说有笑，有唱有跳。

几天过后，小岛遭到敌人的攻击。在枪林弹雨的战场上，大学教师和小饭馆老板便显得手足无措，失去了用武之地，而消防队员和汽车修理工则能够临阵不乱，熟练地使用手中的武器，对敌人进行了狠狠的打击，完成了守护小岛的使命。

以上例子中，大学教师虽然受过高等教育，掌握着最多也最具权威的知识，但在打仗的时候，却毫无用武之地，而只念过几年书的消防队员却可以在战斗中勇猛杀敌。这就是所谓的未在其位，能力就不能得以施展的道理。对于企业管理者来说，团队就好比上述的那个小分队，由各色各样的人组成，他们都有自己的特长优势，身为领导者，最大的职责就是对下属的特点、能力，甚至个人的性格做到了如指掌，做到唯才适所，使员工内在的潜力得到充分的发挥。

哲人说："完美本是毒。"事事追求完美是一件"劳民伤财"的事情，尤其对于企业管理来说，这是执行中的大敌。很多管理者总是抱怨自己的手下能人太少，恨不得自己的下属个个都变成能杀能闯、能文能武、有勇有谋的"良将"。但中国有句古语：金无足赤，人无完人。世界上本就没有十全十美的人，又怎么能够要求拥有完美的员工？何况，完美型的员工属于"能人"，他们的特点是个人英雄主义，重个人，轻团队，最终会增加数倍的管理成本，而结果极可能是得到了一个并不满意的结果。

知名企业家马云认为："现实中最完美的团队是《西游记》中的唐僧团队，他们的成员都非常普通。唐僧是一个好领导，他志向远大，有很强的使命感和原则性。他要去西天取经，谁都改变不了，不该做的事情，他也坚决不做。而孙悟空这种员工比较像现代企业管理中定义的'野狗'。他们是公司最'爱'的也是最'讨厌'的人。他有极强的工作能力，却也多少有些'无组织、无纪律'的个人英雄主义，并且非常情绪化。

"在这个团队中，猪八戒的角色也很重要，他是这个团队的润滑剂，虽然他看上去'很反动'，但是他非常幽默，没有笑脸的公司是很痛苦的公司。"

马云认为，唐僧团队中如果没有猪八戒，这个团队的精神风貌就会黯然失色。沙僧则是最常见的保守型员工，安稳踏实。另外，唐僧知道孙悟空太调皮，要管得紧，所以随时会念紧箍咒；猪八戒小毛病多，但不会犯大错，偶尔批评批评就可以；沙僧则需要经常鼓励一番。这样，一个明星团队就成形了。

智慧锦囊

很好地掌握每一个人的个性和优势，把他们放到最能发挥其作用的位置上，你就会发现，你得到了一个完美的"互补型"团队。

没有信任，授权形同虚设

我们经常可以听到老板不愿意授权的理由："我是想给我的下属权力，但是总怕他们把事情搞砸，现在什么事情都要我亲自过问，真的很累。"下属同样抱怨："老板让我做事，总不给我处理问题的权力，事事都得汇报，没有一点施展的余地，工作起来总觉得磕磕碰碰。"其实，这不是该不该授权的问题，而是应该怎样授权的问题。

授权的基础是信任下属，放心让下属去做事情，承担任务。而老板在赋予下属权力时又担心他们会犯错误，横加干预，指手画脚，这等于根本没有赋予权力。所以，成功的老板要做到放心地授权，即信任下属。相信一个人的能力，还要委托他一定的任务，这样才能发挥人才的作用。

一位中国主管看见美国调色师正在调口红的颜色，走过去随便说了一句："这口红好看吗？"美国调色师站起来："第一，亲爱的余副总（美国人通常都是叫名字的，叫了头衔就表示心中不太愉快了），这个口红的颜色还没有完全定案，定案以后我会拿给你看，你现在不必那么担心。第二，余副总，我是一个专业的调色师，我有我的专业，如果你觉得你调得比较好，下个星期开始你可以调。第三，亲爱的余副总，我这个口红是给女人擦的，而你是个男人。如果所有的女人都喜欢擦，而你不喜欢没有关系；如果你喜欢，别的女人却不喜欢，完了。"

"对不起，对不起……"主管知道自己干预得太多，且问话有些不妥，连声道歉。

从上面这个案例可以看出，授权与信任密切相关。老板如果对下属的工作不放心，三番五次地进行检查，那么这是对下属不信任的表现。

信任是授权、用权的关键。老板授权有没有效果，很大程度取决于它。不信任地授权，等于没授权。放碗不放筷，想放又不敢放，放后又干涉，放了又收，收了又放，犹犹豫豫，反反复复，这些态度都是不信任的表现。

工作中，习惯于相信自己，放心不下他人，经常不礼貌地干预别人的工作过程，这可能是老板的通病。而这也容易形成一个怪圈：老板喜欢从头管到脚，越管越变得事必躬亲，独断专行，疑神疑鬼；同时，下属也越来越束手束脚，养成依赖、从众和封闭的习惯，把最为宝贵的主动性和创造性丢得一干二净。如此怪圈显然对企业的发展是不利的。

授权应该建立在信任的基础上，这是最有效的授权之道。授权以后的充分信任等于给了下属一个平台、一种机会，给了其受尊重的感觉，让其有一个广阔的施展抱负的空间。

经营之神松下幸之助曾说："最成功的统御管理是让人乐于拼命而无怨无悔，实现这一切靠的就是信任。"作为老板，如果你将某一项任务交给你的下属去办，那么你要充分信任你的下属能办好，因为信任具有无比的激励威力，是授权的精髓和支柱。在信任中授权对任何下属来说，都是一件非常快乐而富有吸引力的事，它极大地满足了下属内心的成功欲望，因信任而自信无比，灵感迸发，工作积极性骤增。

1926年，日本"经营之神"松下幸之助想在金泽开设一家办事处。他将这项任务交给了一个年仅19岁的年轻人。松下把年轻人找来，对他说："这次公司决定在金泽设立一个办事处，我希望你去主持。现在你就立刻去金泽，找个合适的地方，租下房子，设立一个办事处。资金我已经准备了，你拿去进行这项工作。"

听了松下这番话，这个年轻的业务员大吃一惊。他惊讶地说："这么重要的职务，我恐怕不能胜任。我进入公司还不到两年，是个新职员。我年纪还不到 20 岁，也没有什么经验……"他脸上的表情有些不安。

可是松下对他很有信心，以几乎命令的口吻对他说："你没有做不到的事，你一定能够做到。放心，你可以做到的。"

这个下属一到金泽就立即展开活动。他每天都把进展情况一一写信告诉松下。没过多久，筹备工作都就绪了，于是松下又从大阪派去一些职员，顺利地开设了办事处。

松下幸之助第二年有事途经金泽，年轻人率领全体下属请董事长去检查工作。为了表示对年轻人的信任，松下幸之助拍着年轻人的肩膀说："我相信你，你只当面向我汇报就可以了。"那位年轻人非常感动，后来办事处的业绩越来越好，年轻人圆满地完成了任务。

松下幸之助回忆这件事时总结说："我一开始就以这种方式建立办事处，竟然没有一个失败……对人信赖，'权力'才能激励人……我的阵前指挥，不是真正站在最前线的阵前指挥，而是坐在社长室做阵前指挥。所以各战线要靠他们的力量去作战，因此反而激发起下属的士气，培养出许多尽职的优秀下属。"

由此看来，老板与下属之间只有建立起相互信赖的关系，才能使授权顺利有效。否则，老板对下属疑虑重重，事事过问，而下属对老板也怀有戒心，不敢放手工作，那就无所谓授权了。所以，当老板给下属授权时应当充分信任下属能担当此任，这才是作为各级老板应有的风格。

很多时候，有些老板不信任那些比自己职位低的人，认为他们不够聪慧，因此不能正确决策，或者怀疑他们是否与自己的目标相一致，或者怀疑他们是否掌握了与高层老板一样多的信息或是想法。如果这样不被信任，会让下属感到不自信，不自信就会使他们感觉自己不会成功，进而感到自己被轻视或抛弃，从而产生愤怒、厌烦等不良的抵触情绪，甚至把自己的本职工作也"晾在一旁"。所以说，一个老板如果不相信下属，那么就很难授权于下属，即使授了权，也形同虚设。

信任可以增强下属的责任感。信任下属，就要放手让他们去做，去创造，给他们一定的权力，激发他们的主人翁意识。也就是在分配工作的时候，要赋予下属相应的权力，准许他们在一定范围内调度人力、物力和财力。同时在工作中，给他们一定的自由度，允许他们自行做出决定，以达到任务所要求的结果。作为老板，只有对下属充分地信任，以信任感激励下属的使命感，下属才能更加自觉地认识到自己工作的重要性，才能在工作中尽职尽责。

智慧锦囊

授权应该建立在信任的基础上，这是最有效的授权之道。授权以后的充分信任等于给了下属一个平台、一种机会，给了其受尊重的感觉，让其有一个广阔的施展抱负的空间。

利用感情投资，营造和谐氛围

每个人都不仅仅是围绕着物质利益而生活的，员工也不仅仅是为了金钱而工作的。人有精神要求，有互相交流感情的需要。就领导来说，要充分发挥下属的能力和作用，使下属尽职尽责，必须对下属进行感情投资。领导对员工的感情投资，可以有效地激发员工潜在的能力，使员工产生强大的使命感与奉献精神。得到了领导感情投资的员工会对领导心存感激，认为领导对自己有知遇之恩，因而"知恩图报"，愿意更加尽心尽力地工作。

管理界有一个很流行的词——"情感管理"。它是通过情感的双向交流和沟通，通过关注人的内心世界，通过关爱别人实现有效的管理。

如今，能否关爱员工，已成为企业做大做强的一个重要指标。关爱员工，除了让员工多赚钱，使他们的生活有保障外，还要给员工营造友情与亲情的和谐氛围。日本麦当劳社长藤田田在所著畅销书《我是最会赚钱的人》中谈到，他将他的所有投资分类研究其回报率，发现感情投资在所有投资中花费最少，回报率最高。

感情就是凝聚力，感情有时甚至就是生产力。优秀的管理者善于对员工进行感情投资。通过感情投资，可以使下属感觉自己受到了领导的重视和关爱，因而愿意尽己所能，充分发挥自己的潜力。

"每一位成功的男人背后都站着一位伟大的女人。"藤田田就懂得如何帮助员工塑造"伟大"的女人，从而使自己的员工成为成功的男人。

日本麦当劳汉堡店每一位员工的太太过生日时，一定会收到藤田田让礼仪小姐从花店送来的鲜花。

事实上，这束鲜花的价钱并不贵，然而太太们的心里却很高兴："连我先生都忘了我的生日，想不到社长先生却惦记着送鲜花给我。"藤田田经常会收到类似的感谢函及电话。

日本麦当劳除了每年6月底和年底发放奖金外，每年4月还加发一次奖金。这个月的奖金并不交给员工，而是发给员工的太太。如果是单身员工才直接发给本人，并鼓励员工早日找到自己的伴侣。藤田田特别在银行里以员工太太的名义开户头，再将奖金分别存入各个户头，员工不能经手。在把奖金存入员工太太户头的同时，他还附上一封做工精致的道谢函："由于各位太太的协助，公司才会有这么好的员工，才会有这么好的业绩。虽然直接参与工作的是先生们，可是，正是因为你们这些贤内助的无私支持，先生们才会心情愉快地投入工作。"因而员工们把这个奖金戏称为"太太奖金"。

听了这番话，哪位太太不心存感激呢？而这种感激对一个家庭又意味着什么呢？显然，这种做法在薪酬支付的艺术中发挥了激励员工、凝聚人心的作用。

俗话说："带人如带兵，带兵要带心。"领导者只有真正关心下属，才能赢得下属的充分信任和忠诚，领导者便可以高效、高质量地完成管理工作，让自己有很好的职业发展前景。

得到别人的喜欢和敬重是一种幸福，爱别人、关心别人也是一种幸福。要真正地去关心别人、爱别人，激励他们展现最好的一面。人与人之间关系的好坏不一定只有在大事中才能体现出来，在日常生活的琐碎事之中更能体现出你的友善。既懂得工作的重要，又深知生活的乐趣，随时把心中最真诚的愉悦带给大家，这正是处理好人际关系的要诀。

智慧锦囊

优秀的管理者善于对员工进行感情投资。通过感情投资，可以使下属感觉自己受到了领导的重视和关爱，因而愿意尽己所能，充分发挥自己的潜力。

培养危机意识，实现利益捆绑

很多时候，职场中的沉沦者并非没有能力，他们其实就像待在鸡群里的雏鹰，在某种模式化的平和环境中待久了，忽略了自己的能力。他们不知道或者已经忘记了，自己还有飞翔的能力。他们每天按部就班地上下班，从不违反公司的规定；他们从来不愿主动承担责任，只是等着领导给自己安排工作。如果领导没有安排工作，他们就默默无闻、与世无争地做个老好人，看起来像是职场中的中坚力量。然而很遗憾，他们只是没有危机意识的"鸡仔"，当"黄鼠狼"来的时候，只有被吃掉的命运，因为在职场中必须时刻保持危机感。

挪威人喜欢吃沙丁鱼，尤其是活鱼。因此，市场上活的沙丁鱼非常抢手，而且售价很高。可是，渔民发现，要想把沙丁鱼活着带回渔港，是一件很难的事情，因为绝大部分沙丁鱼在途中会因窒息而死亡。但是，有一个渔民每次回到渔港，他所捕捞的沙丁鱼总是活蹦乱跳的。

这位渔民是怎么做的呢？原来，他在装满沙丁鱼的鱼槽里放进了几条鲇鱼。鲇鱼主要以小鱼为食物，进入鱼槽后，由于环境陌生，鲇鱼四处游动。沙丁鱼见到鲇鱼，就会加速游动，四处躲避。这样一来，沙丁鱼缺氧的问题就迎刃而解了。

这就是著名的鲇鱼效应。

　　沙丁鱼在安全的鱼槽里比较安逸，失去了游动的欲望，导致缺氧，最后死亡。但在有鲶鱼的鱼槽中，沙丁鱼有了危机感和逃生的欲望，于是加速游动，从而增强了生命力。沙丁鱼如此，人也如此，在安逸的环境中，人的上进心会慢慢减弱。如果这个时候出现了一条"鲶鱼"，那么人就会重新焕发出战斗的欲望。

　　"永远如履薄冰，永远战战兢兢。"这是海尔集团管理文化的精髓。对于团队领导来说，要想让自己的团队更加出色，取得更好的成绩，必须想方设法让每一个员工都"活"起来，只有把所有人的力量都凝聚在一起，团队才能爆发出强大的力量，出色地完成任务。激发员工力量的方法有很多，让员工保持危机感就是其中很重要的一种。

　　以飞机制造业而闻名于世的波音航空航天公司（以下简称"波音"），曾别出心裁地摄制了一部模拟"公司倒闭"的电视新闻，在广大员工中反复播放，其画面内容是：在一个天气阴晦的日子，员工们满脸阴云，垂头丧气，拖着沉重的脚步，一个一个地离开了工作多年的工厂，厂内高挂着"厂房出售"的招牌，扩音器传来："今天是波音时代的终结，波音关闭了最后一个车间……"

　　这种模拟公司倒闭后的惨状，对员工产生了巨大的震撼，也引发了他们的深思。强烈的危机感使员工们意识到，只有全身心地投入到企业的生产革新中去，企业才能在竞争中永立不败之地。否则今天的模拟倒闭，将成为明天无法逃避的现实。

　　日本公司永远值得我们学习，它们在危机感的灌输方面有着与众不同的文化。日本人每天都活在危机感之中，随时都有失业的预感，所以他们每天都很努力，生怕一件事做得不够完美，让上司抓住把柄把自己开除。因为在日本，失业的人是很难找到一份新工作的，就算你再有能力，只要失去了一份工作，想找到一份新的工作，都得在家里待很长时间，需要得到运气的眷顾，才能再次就业。

国内也有一些优秀的企业家，比如马云，在谈到公司为何如此迅速地成长时，他向人们介绍了自己的经验："因为我总是让员工和自己充满危机感。如果不想死于安乐，就要一直让自己处在冬天。"

培养员工的危机意识，是团队领导一项特别重要的任务。员工可以做不到最好，但他一定要努力地朝更好的方向前进，不能有懈怠和混日子的思想。从管理的角度说，这不但是一种管理手段，而且是为团队的整体利益着想。

作为团队领导，你一方面要使员工有压力和充满危机感，让他们感到如果今天工作不努力，明天就要努力找工作，而且很可能找不到工作。让员工总是能够积极主动地提高自己的工作素质，而不是总由你揪着耳朵去充电和学习；另一方面，你要将员工的前途与自己的前途结合起来，实现利益捆绑，建立起牢固的团队精神。

20 世纪 60 年代末，加农公司打入了计算机市场。它研制的键盘式计算器试销后十分成功。但是好景不长，加农公司在与卡西欧公司推出的小型计算器的竞争中连连失利，出现了巨额赤字，甚至濒临倒闭。

怎样才能挽救颓势？当时的董事会成员贺来提出：我们应该把危机告诉全体职工，让他们知道企业处于危险境地的真相，唤起他们的危机感，这种危机感将会使大家群策群力，这在平时是产生不了的。

公司采纳了他的建议，向全体员工发出了危机警告。那些以为身居大公司便可以高枕无忧的人顿时紧张起来了。员工小组加强了活动，新建议和新方案层出不穷，如何挽救加农公司成为大家日常讨论的话题。不久，贺来归纳了员工的建议和方案，同时充分发挥员工的积极性，最终，加农公司不但顺利渡过了危机，而且在 6 年内就走向了世界。

团队领导应该不时地提醒员工：我们的公司可能会倒闭，部门可能会解散，你们可能会失去工作！只有这样，才能激励员工尽其所能，努力为团队付出。员工必须有适当的工作危机感：因为有压力才会有动力，只有不停地战胜挑战，员工才会更加确信，自己是在为团队和公司做出更大的贡献。

智慧锦囊

作为团队领导，一方面要使员工有压力和充满危机感；另一方面，要将员工的前途与自己的前途结合起来，实现利益捆绑，建立起牢固的团队精神。

WITHOUT LEADERSHIP TO A
TEAM,YOUCOULD NEVER
BE A SMART MANAGER

第八章

树立领导威信，增强团队士气

消除阻碍团队沟通的等级观念

　　一个明智的管理者，遇事会用民主的方法，增强团队的合作精神和活力。强调权威的团队最容易失去民心，最后只能依赖强制性权力来行事。

　　一天，李开复想为公司的新会议室命名，为了让公司员工都参与讨论，他马上让秘书通过电脑发出通知：现在征集会议室名称，截稿时间为明天下午6点。建议使用"中国最著名的发明家"或者"中国最著名的发明"等来命名。李开复提示说："我建议用'火药'作为命名之一。这样，当你走进会议室的时候，必会激发所有的力量，为你的思想而战。"

　　"火药"的念头在众人的感情上立刻引起了共鸣。"当我们说'让我们去火药库讨论吧'的时候，那该多棒！"秘书小徐立即响应李开复的想法。他在发出的电子邮件中，特地用中文补充了新的建议："试想一下别的名字，如火药库、司南车、造纸坊、印刷厂。"

　　毕业于浙江大学的博士小李提出了自己的想法，他说："应当把'司南车'变成'指南厅'。""我喜欢你们的想法。"李开复也很热烈地加入了大家的讨论。他想起中国人在数字领域里发明了"零"的概念，"这等于是半个计算机啊！"他又给所有研究员发出了一封电子邮件："我们应该把一个会议室叫作'Zero Room'。"接着又插科打诨地说："但是中文怎么说呢？零堂？那会让人联想到'灵堂'的。"

　　于是，这一大群熟悉英语也熟悉中文的青年人，开始在中文和英文中间寻找合适的名字。小陈和小孙马上意识到，那就叫 Zero Room：灵感屋。李开复在电子邮件中禁不住欢呼起来。

2月3日下午，到了规定的时间。会议室的名称确定了方案：指南厅、火药库、造纸坊、灵感屋、印刷厂、算盘室。

有些素质较差的领导者恰恰要增强部下对自己的敬畏心理。于是，他们不分时间、场合地板着一副道貌岸然甚至霸气十足的面孔，以显示自己的权位、尊严与能力。而结果又恰恰相反，官架子越大，领导水平越低，自我表现越狂妄，员工眼里越渺小。

管理者要想消除等级观念，就需要在平时的决策中遵循两大原则。

（1）决策的民主原则。这一原则，不仅保证领导决策的正确性、有效性，也是让下属参政议政，发挥其积极性和创造性的重要途径。在社会活动高度群体化的今天，"多谋善断"不能只靠一个人去完成，而是要靠组织成员集思广益，专家"智囊"参与来完成。

（2）头脑风暴原则。实践证明，任何决策，都不是在"众口一调"的求同思维中得到的，而是在众说纷纭的思维碰撞中做出正确判断和选择的。因此，凡是重大决策，应建立决策对抗程序，有意寻找否定决策方案的材料，把潜在的矛盾和可能产生的矛盾充分地揭发出来，使决策方案在做肯定证明的同时，也做否定证明。

领导者必须明白，等级观念最要不得。由于长期的社会群体生活中等级差异心理的积淀，被领导者对领导者，尤其是对等级较高的领导者都存在着敬畏心理。因此，明智的领导者为了能够正确地把握下情以正确地进行领导，大都力图减弱这种部下的敬畏心理。

智慧锦囊

强调权威的团队最容易失去民心，最后只能依赖强制性权力来行事。明智的领导者为了能够正确地把握下情以正确地进行领导，大都力图减弱部下的敬畏心理。

提高团队的抗压能力

当我们审视短命失败企业与成功常青企业，不难发现，两者之间最重要的区别在于：前者回避困难与风险，而后者遭遇的困境远多于前者，但是都顽强执着地走了过来。

工作中，失败、错误和挫折都是难免的，我们无法拒绝它们的发生。成功者常以达观的态度来看待失败和错误，他们知道已经发生过的是无法改变的事实，哪怕是刚过了一分钟，唯有勇敢地面对它，冷静地分析过去的失误和原因，吸取有益的教训，重新投入到新的工作中去，避免再次出现类似的错误。

1938 年，还是一名学生的本田宗一郎，为了研究制造心目中理想的汽车活塞环，变卖了自己的所有家当。他夜以继日、废寝忘食，期盼早日把产品制造出来，卖给丰田汽车公司。为了继续自己的工作，他甚至变卖了妻子的首饰。功夫不负有心人，产品终于研制出来了，但被丰田公司以品质不合格打了回来。

为了学习更多的知识，以便制造出合格产品，本田宗一郎重回学校苦修了两年。两年后，他赢得了丰田汽车公司的购买合同，实现了自己一直以来的心愿。然而，他的事业并没有从此一帆风顺，他很快又遇上了新的难题。"二战"时期日本物资紧缺，政府禁卖水泥给他建工厂。

面对这种情况，本田宗一郎没有怨天尤人，他决定另辟蹊径，与工作伙伴一起研究新的水泥制造方法，最终建好了工厂。战争期间，这座工厂遭到美国空军的轰炸，大部分制造设备被毁损。而且灾祸还远远没有结束，不久，本田宗一郎又碰上了地震，整个工厂被夷为平地。经受了这一系列的打击，本田宗一郎不得不把制造活塞环的技术卖给了丰田汽车公司。

"二战"结束后，日本的汽油严重短缺，大多数日本人无法开着车子出门购买生活用品。这时，本田宗一郎又一次看准商机，决定创办一家工厂，专门生产用脚踏车改装的摩托车，只是苦于没有资金。

为了解决资金问题，本田宗一郎向全国18000家脚踏车店求助。他给每家脚踏车店写了一封言辞恳切的信，最终说服了其中的5000家，凑齐了生产所需的资金。经本田宗一郎改装的摩托车一经推出，便受到了热烈欢迎。由于为日本战后经济复苏做出的巨大贡献，本田宗一郎获颁"天皇赏"。随后，他的摩托车又外销欧美，同样获得了一致好评，他终于成功了。

古人云："天将降大任于斯人也，必先苦其心志，劳其筋骨，饿其体肤，空乏其身，行拂乱其所为，所以动心忍性，增益其所不能。"每一个有理想、有抱负的团队领导和成员，都要受到逆境的考验，逆境就如一块试金石。那么，团队面对逆境时，究竟该怎样战胜它呢？

1. 提振士气

面对逆境，团队必须树立信心，而树立信心的关键在于团队领导本身。团队领导自己要先树立信心，而后才能影响下属，使信心有效地在团队中传递。当一个团队充满信心时，虽然不一定能够取胜，但基本可以立于不败之地。在提升员工信心时，团队可以采取一些鼓舞士气的方式，比如一些正面的消息、一些鼓励性的奖励，甚至只是话语等。这一点非常重要。

有一位青年在一家公司做得很出色，他为自己描绘了一幅美好的发展蓝图，对前途充满信心。没想到这家公司突然倒闭了，这位青年垂头丧气，认为自己是世界上最不幸、最倒霉的人。这时，他的经理，一位中年人拍了拍他的肩膀说："你很幸运，小伙子！""幸运？"青年人叫道。"对，很幸运！"经理重复了一遍，接着解释道，"凡是青年时候遇到挫折的人都很幸运，因为你可以学会如何坚强。如果一直很顺利，到了四五十岁忽然受挫，那才叫可怜，到了中年再学习，实在是太晚了。"

2. 大胆行动

面对逆境，如果你想传递信心，行动就必须大胆，不要患得患失。

你要采取进攻性的行动，这不仅仅指大幅削减成本。假如你的竞争者出现失误，你应当马上采取行动，勇敢地抓住机会。假如你认为竞争对手的资产未来肯定能够产生效益，就应该尽快买下来。

最大胆的行动之一，可能是以不变应万变，坚持原定计划。你的企业很可能在衰退出现之前，启动了多个行动计划，有的计划可能效益很低，有的可能不适应新的愿景、目标和战略。但是，至少会有那么几个，从长远来看具有相当的价值，比如新的产品或者工艺，一旦获得成功，将带来更大的利润或吸引新的客户群。那么，对于这些行动计划，就应该持续进行投资。

面对现实，你必须更加专注。让自己的下属在授权的范围内，快速熟练地做出决定。当然，你必须与他们保持最大限度的沟通，以便在执行时减少失误。

摩根大通集团的领导者杰米·戴蒙，在逆境面前便表现出了很强的领导力。他在问题出现之前，先于大多数企业一步，对公司进行了调整，非常老到地领导着摩根大通集团，摆脱了那些拖垮对手银行的危险贷款和金融衍生产品，使摩根大通集团得以快速成长。

3. 经常交流沟通

在团队经营状况较好时，工作会议可能是每月举行一次，但在经营状况比较糟糕的时候，就不能这样做了。每周一次例会是最低的要求。例会应尽力保持乐观向上的氛围，并专注于找到解决问题的办法，而不是强调问题多难克服。在困难时期把员工聚在一起，本身就是对大家的一种激励。

团队的目标是为应付最坏的打算做准备，并期待长期的成功。你必须以此目标来团结所有员工。你可以采用最简单的办法，如一个微笑或者点头，或者通过表扬最近取得的成绩，来鼓励他们。你应该认真倾听下属的说法，以了解他们心里在想什么、担心什么。

对于直接与客户、合作伙伴、供应商联系的下属，要给予特别关注。他们身处前线，不但能获得重要情报，而且对市场有深刻的认识。要让他们保持乐观向上的心态，进而传递给客户和供应商。

4. 果断做出调整

顺境时较为松散的管理，一定要随着生存空间的压缩而改变。团队领导应强化各项管理、有效控管成本与费用、创造优质管理产出利润，切忌本末倒置，动摇基本的生存条件。

1946年，有着10年发展史的惠普公司，由于"二战"结束后国防合约枯竭，营业收入锐减50%，面临着严重的现金周转危机，而且一时找不到可以马上解决问题的商机。

在这种情况下，惠普公司只能裁减大约20%的员工，同时还采取了一个行动，这个行动对于一个业务缩减了40%的公司来说堪称大胆。当时，所有依靠国防合约生存的企业都处境艰难，惠普公司决定利用这一机会，到战时政府资助的研究机构聘请杰出的科学家和工程师，同时也努力挽留公司内部最优秀的高薪人才。正是这一举动，使惠普公司得以推出许多创新和大受欢迎的新产品，在之后的20年里获得了巨大的成功。

5. 出奇制胜

很多时候，为了使局势发生逆转，恐怕只有不走寻常路，出奇制胜了。但是，基于客观环境下可行的奇招不仅很难找到，更存在巨大的风险。这时，团队领导对市场的了解与发散性的思维创意就显得很重要了。

公元前218年，第二次布匿战争爆发，汉尼拔率领迦太基军队开始了对意大利的大规模军事远征。在这次战争中，汉尼拔做了一件让罗马人做梦都想不到的事情——翻越阿尔卑斯山，从陆路进兵意大利。

当时，曾经的海上霸主迦太基已经风光不再，海上力量远不及当初，比起罗马的海军更是逊色，因此，从海路进攻罗马可能导致军队还没到达罗马就葬身人海。但是，从陆路进军必须翻越比利牛斯山与阿尔卑斯山，这两座高山使这一行军路线几乎无法确立。而且，即使克服了地理上的困难，还要面对沿途无数的各部族势力的威胁；就算通过这些难关，到达意大利，后方的部族势力若掐断其通往西班牙基地的交通，甚至从后面追击，对迦太基军队将是一个致命的打击。面对这一困境，所有迦太基人都为之却步，但汉尼拔却越发坚定了取胜的信心，因为如果连他们自己都认为这条路不可行，罗马敌军更加不会有所防备。而成功翻越比利牛斯山与阿尔卑斯山，将使他们直接到达罗马城。

这次跨越阿尔卑斯山的远征，行程近 900 公里，汉尼拔的大军克服无数艰难险阻，仅用 33 天时间就越过了冰雪覆盖、山高坡陡、气候恶劣、岩多路滑的阿尔卑斯山。在走完这段异常艰苦的征程后，这支由 9 万步兵、1.2 万骑兵和几十头战象组成的部队，只剩下 2 万步兵、6000 多没有马的骑兵和 1 头战象。不久前刚被罗马人征服的内阿尔卑斯山居民仇恨罗马统治者，所以，当汉尼拔的军队开下山时，一些高卢部落就纷纷前来投奔，使汉尼拔的兵力得到了意外的补充。经过一段时间的修整，精力充沛、斗志旺盛的迦太基士兵一举打败了罗马部队。

可以说，这是汉尼拔在逆境中走出的置之死地而后生的一步奇招。

6. 资源整合

逆境中最缺乏的是资源，这个时候需要一个拥有智慧同时又能够承受苦难的团队领导，一方面他能接受逆境，一方面又能在逆境中发现别人看不到的机会。当然，发现资源后更重要的是整合资源，而资源的整合在顺境时往往比较容易达成，在逆境时则比较困难。这就很考验一个团队领导的智慧。

蒙牛集团原老总牛根生，创业初期手头资产只有几十万乳牛，员工不过几十人，没有任何生产设备与奶源等乳品行业入门的必需条件。这对行业进入门槛需要上千万元资金的乳品行业来说，简直是不可想象的，何况还有同行的大力打压。这时，牛根生采用了整合资源的做法：没厂房，没工人，就找其他乳品企业搞合作，对方负责生产，贴内蒙古蒙牛乳业（集团）股份有限公司的牌，利润分成；建厂后没钱买设备，就以有限的资产作为担保，赊购设备，然后再以赊来的设备作为抵押再贷款经营；没有品牌知名度，就借助内蒙古当地知名企业的光，以很少的广告投入坐顺风车，与各龙头企业站到一起；没有奶源，就发展培育奶农进行合作，让成千上万的奶农为蒙牛集团服务。

7. 化困境为顺境

也许你会想，在困境中化解危机本来就很困难了，再让危机为己所用，岂不是更加困难？其实，困难的不是没有这样的客观条件，而是我们是否能够以这样的角度与方式去思考。

当美国房地产遭遇危机，出现增长停滞的时候，恰恰有一个房地产服务商创造了一个奇迹。

在美国房地产市场，一般的建筑商需要盖精装修、带家具电器的房子，企业的利润率为7%，经济不景气时利润不足4%。经过对行业进行分析，这家公司得出一个结论：竞争激烈使购房者不停地进行价格比对；购房者一般居住15年，其间可能坏掉4万样东西，而且平均一辈子换3次房子。基于此，它制定了自己的发展策略，那就是关注服务价值——用最好的材料盖最好的房子，以成本价出售，赚取随后15年服务带来的利润。这让其他竞争对手无法应对。

现在，它已经从一家房地产开发商转变为房地产服务商，原有的

10 万家竞争对手成为它的开发商；它拥有顾客超过千万人；供货商超过 1 万家；公司专注于服务的提供，而对房屋价格敏感的购房者并不计较更换电器零部件的价格，这使它一举扭转了低收益的局面。

英国有一句谚语："一个人如果有自己系鞋带的能力，那么他就有上天摘星星的机会。"与之对应，中国也有一句古语叫作"苦心人，天不负"。无论遇到什么困难，我们都应该以百折不挠的精神，坚持到底，面对困难永不气馁，这样才能为自己赢得机会。

智慧锦囊

逆境中最缺乏的是资源，这个时候需要一个拥有智慧同时又能够承受苦难的团队领导，一方面他能接受逆境，一方面又能在逆境中发现别人看不到的机会。

千里之堤，溃于蚁穴

在干净的街道，人们不会扔垃圾；在安静的图书馆，人们不会大声喧哗；洁白的墙壁，人们不会去涂鸦；修剪整齐的草坪，人们不会随意踩踏；进别人家一尘不染的客厅，你会自动套上鞋套或脱下鞋子……这就是美国的政治学家威尔逊和犯罪学家凯林提出的"破窗效应"。

所谓"破窗效应"，是关于环境对人们心理造成暗示性或诱导性影响的一种认识。

美国心理学家詹巴斗曾经做过一个实验室：有 A、B 两辆完全相同的汽车，但对它们进行了不同的处理，A车完好无损地被他停放在秩序井然的中产阶级社区，而B车则被他摘掉车牌、打开顶棚，停放在相对杂乱的街区，然后观察这两辆车会有什么变化。

结果发现，一周后，A车仍完好无损，而B车不到一天就被偷走。随后，他将A车敲碎一块玻璃，仅仅过了几个小时，它也消失不见了。

基于这一实验，美国学者威尔逊和凯林提出了"破窗效应"：

一栋建筑物上，如果有一个破窗，并没有及时得到修补，那么，看到它的人可能会得到某种暗示性的纵容，去打碎更多的玻璃，并且，人们对于这一行为并没有多少负罪感，这种心理感觉甚至会诱导犯罪行为的滋生和蔓延，使社会秩序遭到破坏。

实际上，"破窗效应"不仅适用于社会犯罪心理和行为上的研究与思考，其道理对于社会各行各业的情况也同样成立。某种不良环境因素一旦出现，就会对人们形成一种错误的暗示。就好比在无人的情况下，敞开的大门或者桌上的财物，会使得人们心生贪念；对于某些违反规定的行为，在有关组织没有进行处理的情况下，必定会再次出现；员工工作懒散，没有积极性，领导没有加以重视，那么，员工的消极怠工行为就得不到制止，等等。

因此，如果这个破窗不及时加以维修的话，可能打碎"窗户"的人会越来越多，甚至引发严重的危机。事实上，现实社会中出现的很多问题，往往存在着一定的从众心理，所谓"谎话重复一千遍就是真理""墙倒众人推"等俗语，在一定意义上也表现出了与"破窗效应"相似的意思。

请记住：如果你是管理者，请及时修好"第一块被打碎的窗户玻璃"。小心你的玻璃被打得精光！制度化建设在企业管理中已经是老生常谈了。但是，现实的情况往往是制度多，有效执行的少。长此以往，企业的发展会很尴尬。对公司员工中发生的"小奸小恶"行为，要引起管理者充分的重视，适当的时候要小题大做，这样才能防止有人效仿，积重难返。

我们来看看下面的案例：

美国有一家规模不大的公司，但在管理上极其严格。在这家公司的车间，有个比较资深的员工叫汤姆。一直以来，他的工作效率都很高，也深受老板的赏识。

这天，他和往常一样，来到车间，开始在切割台上工作，一会儿，他就把切割刀前的防护挡板卸下放在一旁。没有防护挡板，会使他取零件时更加方便，因此，工作效率也就高了很多，但也埋下了安全隐患。

当汤姆正在为这一聪明的举动而高兴时，车间主任走了进来，将汤姆逮个正着。主任大发雷霆，令他立即将防护挡板装上，然后又训斥了半天，并声称要作废汤姆一整天的工作。

第二天一上班，老板就叫人通知汤姆去他办公室一趟，老板说："身为老员工，你应该比任何人都明白安全对于公司意味着什么。你今天少完成了零件，少实现了利润，公司可以换个人换个时间把它们补起来，可一旦发生事故，你将失去健康乃至生命，那是公司永远都补偿不起的……"

这天下班后，汤姆就辞职了，他悔不当初。

由此，我们可以说，汤姆老板的处置方法虽然有些严厉，但对于企业员工来说，却是一次很好的教育。因此，如果你是企业的领导者，第一个迟到的人一定要被处罚，否则别人会认为迟到不重要；浪费资源的第一次行为不制止，你的员工就会形成浪费的习惯；第一个上班玩游戏的人一定要批评，不然大家会比着玩；违反公司流程的第一次行为必须严肃处理，类似的行为才不会重复发生……

也许你还不太习惯，因为人们会说你"小题大做"，但"千里之堤，溃于蚁穴"，从这个意义上说，"从我做起，从身边做起"已不再是一句空洞的口号。

对于企业来说，"破窗效应"的隐患无时无刻不存在，因而"破窗效应"对企业形象的塑造、危机管理、企业文化建设、市场营销等多方面都有着重要、积极的启示和意义。

在管理工作中，领导者对于那些看似个别的、轻微的违反管理规定的团队成员，必须采取严格的管理办法。俗话说，"千里之堤，溃于蚁穴"。如果不及时修好第一扇被打碎玻璃的窗户，就可能带来无法弥补的损失。

智慧锦囊

　　对公司员工中发生的"小奸小恶"行为，要引起管理者充分的重视，适当的时候要小题大做，这样才能防止有人效仿，积重难返。

自卑是击垮团队强有力的武器

与金钱、势力、出身、亲友相比，自信是更有力量的东西，自信就像能力的催化剂一样，它可以将人的一切潜能都调动起来，将各方面的能力推进到最佳状态。自信能排除各种障碍、克服各种困难，能使事业获得完美的成功。1937 年获得诺贝尔文学奖的法国作家杜伽尔说："我力量的真正源泉，是一种暗中的、永不变更的对未来的信心。甚至不只是信心，而是一种确信。"

每一个人都会有自己的信念，信念就是牢固的观念或者说是对事物习惯性的看法。当你坚信某一件事情的时候，就会给自己的潜意识下了一道不容置疑的命令，有什么样的信念决定你会有什么样的力量。说自己行的人，潜意识会把他成功的信念变成成功的行动；说自己不行的人，他的潜意识也会把他自卑的念头变成失败的行动。

如果你认为你会失败，那你就已经失败了。一个人的"认为"，就是心里对自己说的话，说自己不行的人，爱对自己说丧气话，遇到困难和挫折，他们总是为自己寻找退却的借口，这些话正是自己打败自己最强有力的武器。

理查·布兰迪曾是微软公司的首席软件设计师，在 26 岁的时候就设计出第一版的 Word 软件，因此被比尔·盖茨重用，带领一个小组开发一套新的软件。但这个计划没有成功，布兰迪因为缺乏领导他人的心理准备，导致计划延误，最后离开了微软。布兰迪自己分析，他认为自己不适合担任部门领导，原因是他不知道该怎么做好领导者的工作。他缺乏信心，又不敢求助；他怕别人看出他缺乏能力——不是技术能力，而是领导能力。

可见，自信的产生是自我意识的选择。一个人可以选择使自己成功的自信，也可以选择束缚自己的自卑，这一切全由自己来决定。可以说，所有的成功、财富、健康都开始和结束于你的思想，而你的思想其实是一组信念的组合。要想改变自己，一定要先改变信念，命运的改变从信念开始。在陷入困境时，与其苦苦等待，不如点燃自己手中仅有的信念"火种"，去战胜黑暗，摆脱困境，为自己创造一个光明的前程。

如果你常说"做不到"，你必将与失败为伍。什么是决心？决心就是即使在绝望的黑暗中也要相信那一缕希望之光。

1800 年 5 月，拿破仑率领军队前往意大利，但是阿尔卑斯山挡住了拿破仑大军前进的脚步。斟酌一会儿后，拿破仑指着地图上一条小路问："通过这条路直接穿过去有没有可能？"那些探路的工程师们吞吞吐吐地回答："有可能……还是存在一定可能性的。""那就前进吧！"身材不高的拿破仑坚定地说，丝毫没有因工程师的弦外之音而动摇。谁都知道穿过那条道路的难度有多大，在此之前还没有人能够征服这座天然的屏障。

当英国人和奥地利人听到拿破仑想要跨越阿尔卑斯山的消息时，都轻蔑地报以无声的冷笑："那是一个从未有过任何车轮碾过，也从未有过车轮能够从那里碾过的地方。更何况他还率领着 7 万人的军队，拉着笨重的大炮，带着成吨的炮弹和装备，还有大量的战备物资和弹药。"然而，正当被围困的马塞纳将军在热那亚陷于饥困交加的境地时，拿破仑的军队犹如天兵一样出现了。一向认为胜利在望的奥地利人不禁目瞪口呆，军心大乱，他们几乎不敢相信，眼前这个小个子竟然征服了高不可攀的伟大山峰。

对一个具备了最大自信心的领导者来说，遇到阻力的那一刻，就是体验到竞争乐趣的开始。自信绝对不是一句空洞的口号，而是一个渴望成功的人必须具备的素质，一定要让它扎根在灵魂的深处，跟随自己的心脏和血液一起跳动和流淌。

诗仙李白曾有句豪言壮语："天生我材必有用，千金散尽还复来。"伟大领袖毛泽东主席曾写下慷慨激昂的文字："自信人生二百年，会当水击三千里。"这是名人们的人生信条，从中我们也能受到深刻的启示：做人应充满自信，只有这样才能取得事业的辉煌成功。

一个人不热烈坚定地企盼成功而能取得成功，天下绝无此理。成功的先决条件就是自信，建立自信心是成为一名高效领导的良好基础。自信心与领导艺术是相辅相成的。如果人们接受你为领导，你的自信心就会增强。反过来，你的自信心越强，你越容易被接受为领导。

智慧锦囊

说自己行的人，潜意识会把他成功的信念变成成功的行动；说自己不行的人，他的潜意识也会把他自卑的念头变成失败的行动。

用热情打造士气高昂的团队

沃尔玛百货公司总裁李斯阁说："要想成功，必须对你的工作充满激情。没有热情就不会成功，无论什么工作都是需要有一腔热情的。有热情才有干劲，才能带动身边的人干下去。"

热情是领导的重要基石。这种品质本身蕴含着强大的力量，是杰出领导力的不可替代的组成部分。一个热情昂扬的企业领导者，无论从事什么工作，不管是处于顺境还是逆境，他都会认为自己的工作是一项神圣的天职，并怀着浓厚的兴趣去工作。对自己的工作富有热情的领导者，不论工作中有多少困难，始终都会用不急不躁的态度去进行。只要抱着这种态度，领导者就一定会成功，一定能达到目标。

没有热情的工作就是苦工，只有热情能让一个工作者变成一个勤奋的人。没有发自内心的对工作的热情，一个人就不可能最大限度地发挥自己的能力。而一个领导者的热情会感染他的团队，试想，一个萎靡不振的领导者，如何能缔造一个士气高昂的团队？同时，领导者还必须采取相应的措施激励组织成员的热情。

能让公司员工长时间毫无怨言地工作，是比尔·盖茨的过人之处。对微软公司的员工来说，"工作即是欢乐"已经是一种被普遍认同的"价值观"。

盖茨本人"工作狂"的态度，带动了员工的工作热情。盖茨的这种狂热，让人觉得他是想在微软公司的工作环境中培养起一种工作狂的气氛来。

微软公司负责公关的经理曾经这样说过："盖茨先生不但是个工作狂，而且要求十分严格，部下认为办不到的事他会自己拿回去做，并能迅速准确地做到几乎完美的地步，让大家佩服得没话说。在他手下工作，如果没真本事还真难。"

《盖茨先生》一书的作者这样写道："盖茨先生工作异常热情，每周经常工作 72 个小时，甚至达到 90 个小时；不工作的时候，他就像一个黑洞吸收光线那样大量吸收信息。"

与比尔·盖茨一起工作的人，都说他是世界上最忙的企业主管之一。他通过给公司员工施加各式各样的压力，激发出员工最大的工作热情。

热忱是一种意识状态，是一种精神力量，它能够鼓舞及激励一个领导者对手中的工作采取行动。而且不仅如此，它还具有感染性，不只对其他热心人士产生重大影响，所有和它有过接触的人也将受到影响。

热忱和人类的关系，就好像是内燃机和火车头的关系，它是行动的主要推动力。比较完美的领导者就是那些知道怎样鼓舞他的追随者发挥热忱而产生激情的人。

人的情绪是会被感染的，你快乐，所以我快乐。如果你没有热情，就不能打动下属。人们喜欢改变他们情绪状态的人。一个人充满热情并不仅仅是外在的表现，它会在你的内心形成一种习惯，然后通过你的言谈举止不自觉地表现出来，从而影响他人。这种习惯没有什么可以阻止，它有助于你摆脱怯弱心理的羁绊，走向成功的坦途。

与冷静理性的管理者不同，卓越的领导者通常表现出火一般的热情。他们往往充满活力，对未来充满梦想和信念。伟大的领导者在组织遇到困境时，能够看到希望，看到前途，充满信心地扭转乾坤。面临挑战，他们不会因为惧怕而踌躇不前。他们的热情和乐观上进的情绪，能够深深感染周围的每一个人。当年，面临日本、美国、德国的压力和中国的崛起以及亚洲金融危机的威胁，三星集团总裁李健熙发挥了个人魅力和鼓舞人心的领导风格，提出著名的"除了妻子儿子，一切都要变"的口号，在过去的近20年中，在三星内部掀起了一次具有历史意义的全方位的变革。

领导者的行为、心态会影响到其他人，乐观主义是永远的力量倍增器，可以辐射至整个单位；一个领导者的热情、期望和信心，往往会在其下属身上反映出来。如果领导者是以一种积极的、自信的态度来看待这个世界，那么其下属也很可能会受到这种态度的感染；反之，消极悲观的态度会使效率下降，会打击所有人的士气。

总之，一个领导者若是没有热情，他将一事无成，而当他有无限热情时，任何困难都会被热情融化，他可以成就任何事情。一位成功人士根据自己的经验指出，热忱是完成任何一件事必不可少的条件。或许你确有才华，但才华也必须借助热忱才能充分发挥。热忱是一种无穷的动力。汤姆·彼得在他的《追求尽善尽美》一书中说过："一流的表现不是枯燥呆板的，它应该是充满活力和热情的。"当你兴致勃勃地工作，并带动下属一起前进时，你所获得的收益就会成倍增加。

智慧锦囊

> 领导者的行为、心态会影响到其他人，乐观主义是永远的力量倍增器，可以辐射至整个单位。

抚平扼杀团队业绩的怒气

有位管理学家说过，员工的怒气会扼杀 90% 的业绩。因此管理者要重视员工的怒气问题。对于咄咄逼人的强烈怒气，管理者要提供适度的发泄渠道。怒气这种情绪在工作环境里肯定不是什么新鲜事。怒气对团队气氛具有很强的杀伤力。

两个外派进行市场调查的员工的对话。

甲：我决定提早收工。

乙：为什么？

甲：今天心情不爽，上个月我的奖金凭什么被扣掉一半？

那是什么加剧了怒气呢？就工作环境而言，原因众多。比较常见的有三种：权力的损失、资源的损失和利益的损失。上述案例中甲的怒气就来自利益的损失。某人从核心部门调到非核心部门，这就是权力的损失；某人的客户资源被公司拿走，这属于资源的损失。

如今，但凡体面些的企业，总会备有那么两只闪亮的咖啡壶，咖啡是全天候免费供应的。稍微讲究些的公司，甚至还会专门有一间小小的咖啡厅供员工们休息时享用。于是，在这里金属勺搅拌咖啡时所发出的叮叮当当的"悦耳音乐"便也化为了企业文化的一种。

供应免费咖啡，对于公司的老板来说其实是"打一鞭子赏一甜枣"的恩威并施战略。福利待遇越好的工作，管理就越发严格。每个人都必须在最短的时间内让人看到你的工作成效，因为在管理者的眼中，"效率"是衡量员工的第一标准。

咖啡厅对员工的怒气有缓解作用。可以想象一下，在这样的工作环境中，当下属面对着厚厚一摞待处理的文案愁眉不展时；当他们刚刚挨了上司的钉子，心中怒气冲天却不能发作也不敢发作时；当有人加了一个通宵的夜班，头昏脑涨可又不得不出席一个重要的会议时。一杯热气腾腾、香气四溢的咖啡无疑是最适宜的调节器。

如此花钱虽不多却人情味十足的"温柔政策"，员工们是十分买账的，于是鞭打的痛就不那么难以承受了。但凡公司集中的区域，咖啡厅的生意也肯定红火。

管理人员不要压制自己和员工的怒火，这一点非常重要。正像搞好管理人员的关系是成功开发市场的关键，搞好员工关系在企业内部也是绝对必要的。管理人员要做的几件大事。

第一，不要使下属在物质待遇上有怨气，管理者要一视同仁，尽可能给予高薪。

第二，不要使下属在精神待遇上有怨气，管理者要懂得关爱和尊重下属。

第三，要制订制怒计划，包括制定政策以及对下属怒气的紧急情况应对。

第四，重视申诉交流示范的作用，从上到下都要掌握处理纠纷的本领。

第五，加强对员工的指导、培养和发展，使其能力和本领获得增长。研究表明，能够获得能力提升的员工一般怨气较少，即便有怒气，也是暂时的，能够较快调整。

怒气这种情绪在工作环境里肯定不是什么新鲜事，对团队气氛具有很强的杀伤力，因此，一定要采取办法抚平下属的怒气。

智慧锦囊

> 怒气这种情绪在工作环境里肯定不是什么新鲜事，对团队气氛具有很强的杀伤力，因此，一定要采取办法抚平下属的怒气。

身处逆境共渡难关，身处顺境共享成果

任何一个人的成功都需要许多人的协助，做团队工作同样离不开每个下属的协助。所以，老板要讲点义气，虽然职位上有高低之分，但在人格上不能高人一等，要能与下属同甘共苦。这样，下属才能尽全力做好自己的工作，自愿协助老板共创辉煌。

很多时候，与人共患难并不是一件困难事，因为危难情况下，共渡难关、同舟共济往往是唯一选择；困难的是在危难之后，苦尽甘来，仍能与下属共享安乐。

1991 年 9 月，华为租下了深圳宝安县蚝业村工业大厦三楼，最初有 50 多人，开始研制程控交换机。这里既是生产车间、库房，又是厨房兼卧室。十几张床挨着墙边排开，床不够，用泡沫板上加床垫代替。所有人吃住都在里面，不管是领导还是下属，做得累了就睡一

会儿，醒来再接着干。这是创业公司常见的景象，只不过后来在华为成为传统，被称为"床垫文化"，一直到华为漂洋过海与国外公司直接竞争的时候，华为的下属在欧洲仍然打起地铺，令外国企业叹为观止。

一个企业无论规模大小、实力强弱，只要企业老板能与下属并肩作战，同甘共苦，就必然能得到下属拥护，使企业获得一种向心力、凝聚力，使下属的精神状态、工作积极性及创造力饱满膨胀。

20世纪80年代，下海大潮刚刚兴起，很多公司往往是这样的情景：一个老板，几个下属，简单的设施，也没什么资金、技术，几乎是一穷二白。最后就靠着几个人的同心协力，公司突飞猛进，成为商业帝国。

1987年，任正非43岁，从部队转业来到改革试验田的深圳，成为南油集团下属一个电子公司的经理。然而，他并不甘心只做池中鱼，而是一直在寻找机会，准备大干一场。为此，他有时很苦恼，时常徘徊在深圳街头。令他没有想到，好运气降临到他身上。

当时，改革开放已近10年，全国的经济状况明显好转。就在这年，政府的经济建设目标变得十分明确，提出了中国经济建设分三步走的总体战略部署，而任正非所在公司负责的产品程控交换机也正处于一个急速变革的关键时刻。

任正非在公司主要负责程控交换机推广，这个产品在20世纪80年代就有，当时的邮电部邮电科学研究院，通过"六五"计划、"七五"计划研发出了中小容量的程控交换机。但是当时这样的一些成果，要转化为产业，特别是成为商用化的设备，还是有很大的距离。任正非感到进入21世纪后通信产业必将会突飞猛进大发展。

43岁拉起旗帜单干的任正非，在这个时候突然表现出了他的商业天才。

作为一名企业、团队领导，身处逆境时应与下属共渡难关，在时来运转时也千万不可独自居功，独享成果。这样才能在下属心目中树立威望，得到下属的爱戴。若是翻脸不认人，过河拆桥，那么势必会为下属不齿——有谁会愿意在这种人手下做事？下属不是早早走人，就是人在曹营心在汉。

国内有这样的例子，国外也有这样的例子，东芝公司总裁土光敏夫也有与下属同甘共苦的高尚品质。

有一次，土光敏夫去工厂视察工作，谁知天公不作美，途中遭遇倾盆大雨，但他依然赶到工厂，下了车后拒绝打伞，对站在雨中的下属们讲话，反复强调"人才是最宝贵的"这一道理，以此激励大家。

这一举动令下属们非常感动，他们将土光敏夫团团围住，认真地倾听着他讲的每一句话。炽热的语言把大家的心连到了一起，使他们忘记了自己是站在瓢泼大雨之中，激动的泪水从大家的眼睛里流淌出来。

讲完话后，土光敏夫的衣服早已湿透了。当他上车准备离去时，激动的下属们一下子把他的车围住，一边敲着汽车的玻璃窗，一边高声喊道："社长，当心感冒！您只有保重好身体，才能更好地工作。您放心吧！我们一定会拼命工作的！"

面对这些为了自己公司的兴旺发达而努力拼搏的下属，土光敏夫真的感动了，再想想自己的职责，就更加坚定了他与下属们同甘共苦的决心。

这些人的成功靠什么？除了敏锐的商业天赋外，靠的就是心里始终装着下属，与下属同甘共苦、患难与共的意识，靠的就是能够调动全体心往一块想、力往一处使的工作作风。当大家都朝着一个目标奋斗时，还有什么困难克服不了？还有什么能阻止他们？

与下属同甘共苦是一种管理理念，应该贯穿于整个管理活动中，在身处逆境时，与下属共渡难关；在身处顺境时，与下属共享成果。唯有如此，才能赢得威望，得到下属爱戴，共同开创大业。一个好的团队应该是"胜则举杯相庆，败则拼死相救"。

失败的老板，其失败的原因各有不同，但成功的老板都有一个共性，那就是能够与下属同甘苦、共患难。拥有这种工作作风未必就能够获得良好的效果，但可以肯定的是如果不能与下属同甘苦、共患难，那么管理就必定达不到预期目的。况且，对于一个企业、一个团队来讲，下属是生存之本，是发展之源。纵观大大小小的企业，在整个发展过程中都不可避免有运气不佳之际、深处逆境之时，这时仅凭几个领导的力量是不足以应对的，必须调动起整个公司所有下属的力量。

一个出色的老板应将自己定位为一个"舵手"，任务是看准方向，动员所有下属，面对困难，共同努力。假如仍端着架子、颐指气使，指使下属这样做、那样做，公司这艘"危船"早晚会被大海淹没。

一个企业的发展、壮大依靠老板与下属共同努力，同舟共济，而患难与共之中形成的上下关系才是最牢固的关系。身为老板，一定要做到与下属同甘共苦、安不忘危，才能使事业蒸蒸日上。

智慧锦囊

　　与下属同甘共苦是一种管理理念，应该贯穿于整个管理活动中，在身处逆境时，与下属共渡难关；在身处顺境时，与下属共享成果。

发挥团队中小圈子的辅导力量

拉帮结派、搞小圈子的人精力根本没放在工作上，而是玩很阴的"办公室政治"，或许为了"制衡"领导，或许为了树立个人"权威"，或许为了获取不当的"利益"，或许为了"打击报复"同事，或许为了自己寻求"靠山"，采取利诱、威胁等不正当手段拉拢同事，自立"山头"，置团队利益于不顾，形成"各自为政"的派系，甚至搞得整个公司人心惶惶、无心工作，严重破坏公司整体战略的推进，影响公司的正常经营秩序与和谐发展。

在我们熟知的《三国演义》中，桃园结义使刘备集团得以初创，最后也成为刘备集团覆灭的根源。在"得卧龙、凤雏其中一人就能得天下"的环境下，刘备拥有二人也没有得到天下，究其原因，就是他有着浓厚的小圈子思想，刘关张之间的"不求同年同月同日生，但求同年同月同日死"的哥们义气，五虎将之间的惺惺相惜。在刘备集团的发展历程中，在战场上取得军事胜利的，几乎都是关羽、张飞、赵云、马超、黄忠等 5 人的功劳，当这 5 人渐渐老去，或者死去，也就意味着刘备集团灭亡的时候到来了。

这是一种非正式组织的小圈子，显然弊大于利。物以类聚是很自然的事，但真正意义上的团队，成员来自"五湖四海"，有不同的文化背景及性格，团队通过成员彼此间的相互影响、相互作用，形成一种行为上的共同规范，为了一个共同的目标而奋斗，最后才成为团队这样一种组织形态。它对小圈子有可能兼容，但不可能完全兼容。当不兼容的时候，小圈子就会给团队带来危害。

具体来说，作为正式组织的团队领导，应该做到以下几点。

1. 正确认识小圈子存在的必然性和合理性

在一个团队里，对于小圈子的认识、态度和做法，多数领导存在不同程度的偏颇，这难免会影响小圈子正面作用的发挥，这种偏颇对于实现团队目标无疑是一种损失。所以，要加强对小圈子的管理，首先必须正确认识小圈子的性质和作用。要认识到小圈子是团队的孪生兄弟，而不是团队身上的毒瘤。小圈子在某种程度上是团队的一种补充形式，因而不应轻率地扣以小集团、宗派主义、自立山头等帽子加以否定，而要引导和利用小圈子群体，使之成为团队的辅导力量。小圈子可能带来某些不良倾向，关键在于团队领导如何加以引导和克服。

2. 合理利用小圈子为实现团队目标服务

在实现团队目标时，团队领导完全可以利用小圈子的某些特点，达到正式组织无法做到的事情。比如，团队领导可以利用小圈子成员之间相互信任、说话投机、有共同语言的特点，引导他们开展批评与自我批评，克服缺点，发扬优点，不断提高思想水平；还可以利用小圈子群体信息沟通迅速的特点，及时收集团队成员对团队工作的意见和要求，使团队领导心中有数，等等。

3. 对不同类型的小圈子采取不同的策略

从小圈子对团队的作用来看，有积极型、消极型、无害型和破坏型之分。团队领导可以针对这几种不同类型的小圈子采取不同的管理办法。对积极型的小圈子，应当支持和保护。例如，对于自愿结合的技术革新小组、文化团队等，团队领导应该积极支持和保护。因为这些小圈子常能起到加强群体心理的整体性的作用。对消极型的小圈子不宜简单斥责，而应持谨慎态度，积极引导，以改变其消极行为。要从人生观、价值观、道德观和团队的总体目标出发，改变小圈子与团队不相适应的目标与规范。对无害型的小圈子，团队领导也要给予足够的关心，不能放任自流，应尽可能进行引导，使之转变为积极型。对破坏型的小圈子，要采取果断措施。经教育不改时，可视其情节轻重、态度好坏，予以取缔或者做出适当处理。

4. 防止小圈子紧密化对团队造成威胁

从团队目标的角度出发，一般来说，松散的小圈子对于整个团队的发展是有利的，能提升人性化管理，改善团队成员之间的关系，创造轻松融洽的工作氛围，激发团队成员的创造性。但是，当小圈子逐渐演变成紧密型结构且不能兼容于团队时，其对团队发展的危害不容忽视。团队成员之间以及成员和领导之间关系紧张，会出现安于现状、消极怠工的现象，而且团队成员普遍缺乏创新意识，工作效率不断下降，从而无法实现管理目标。一旦出现这种情况，团队领导可从两个方面着手。

一方面，加强团队的管理控制力度。小圈子力量的强大，正说明团队的正能量不足。这要求在完善组织结构的严密性和有效性的同时，提高管理人员的管理方式和管理水平；特别是中层管理人员，他们作为高层和基层的桥梁，扮演着沟通、执行、控制的角色，对完成团队目标十分重要。

另一方面，着手弱化小圈子的力量。方法有很多，但我们如果理解了小圈子的成因和发展，就会发现小圈子的根源在于同质化，这是小圈子存在和发展的基础，所以破坏这种同质化最容易达到预期效果的方法。

武德九年（公元 626 年），是唐太宗登基的第一年，九月二十四日，他举行宴会招待新老臣子。

本来大家一起喝酒，应该高高兴兴的，没想到在上酒席点名的时候竟然分了先后，更叫人气不顺的是，有些秦王府的老臣（李世民登基前被封秦王）居然排在了魏徵、秦叔宝、程咬金等新人的后面。魏徵本来是瓦岗寨跳槽过来的，后来在晋王府干活，还是李世民的俘房；秦叔宝和程咬金也是瓦岗寨跳槽过来的。

老臣们于是当着李世民的面发生争执，房玄龄说："皇上，那些当年跟随您在秦王府工作的臣子，很多都有怨言，他们说在秦王府工作好几年，现在您登基了，他们的头衔官职反而不如那些新人。"

对此，唐太宗解释道："至公无私，才能服天下之心。"

怎么样才算是"至公无私"呢？唐太宗说：从来不在臣子中分什么新与旧的圈子——"岂以新旧为先后哉"，我个人的管理风格和人事安排风格就是，不管新旧，只要是贤良的就重用，希望各位用贤能与否来衡量排名，而不是用新旧与否的眼光。

5. 注重小圈子的核心人物

任何小圈子都有一个或几个核心人物，他们的意志和行为对小圈子的目标和规范均有决定性影响。因此，做好这些人的工作，往往会影响一批人。小圈子的核心人物具有威信高、能力强、影响大等特点，对小圈子成员具有较强的影响力。因此，核心人物的作用绝不可轻视。首先应当尊重核心人物在小圈子中的威信，承认和肯定他们在群体中的作用，经常与他们联系，使他们对团队产生信任。同时，在日常工作中要引导核心人物在团队目标的达成过程中起到积极作用，以带动小圈子其他成员更好地为团队目标服务。此外，在组建、调整团队的组织结构及选拔团队的管理人员时，应尽可能注意选拔在小圈子里享有威信而又作风正派的核心人物。

6. 恰当处理"异见分子"

团队成员有着不同的性格及工作模式，尤其在跨国企业中，员工有着不同的文化背景，所谓"异见分子"大多是看法不同而已。需注意"异见分子"是否提出了建设性的意见，若意见是建设性的，团队领导应抱着开放的态度，接纳不同的意见和观点。另外，即使个别成员的建议最后不被采用，团队领导也要细心聆听，让提意见者在定案过程中觉得备受尊重，有参与的认同感。倘若"异见分子"仍抱不合作的态度，团队领导应与他单独讲清楚，向他表明团队工作的要求、团队的标准以及种种不能容许的行为，并让他知道不合作的态度将会严重影响其年终的表现评估，以及可能对团队带来的不利影响，先"理"后兵。

尽管团队领导无法取缔已经存在的小圈子，但是可以想办法与小圈子和平共处，并设法对小圈子施加影响，也就是要因势利导，善于最大限度地发挥小圈子的积极作用，克服其消极作用。

智慧锦囊

小圈子在某种程度上是团队的一种补充形式，因而不应轻率地扣以小集团、宗派主义、自立山头等帽子加以否定，而要引导和利用小圈子群体，使之成为团队的辅导力量。

让团队成员有归属感和使命感

韩国精密机械株式会社实行着一种独特的管理制度，即让职工轮流当厂长管理厂务。一日厂长和真正的厂长一样，拥有处理公务的权力。当一日厂长对工人有批评意见时，要详细记录在工作日记上，并让各部门的员工收阅。各部门、各车间的主管，必须依据批评意见随时核正自己的工作。这个工厂实行"一日厂长制"后，大部分员工都担任过"厂长"这个职位，工厂的向心力增强。工厂管理成效显著，开展的第一年就节约生产成本300多万美元。

就目前的社会经济发展状况而言，大多数人已无须再为温饱而苦恼，他们的生理需求已基本得到满足，随之对于精神方面的需求就提高了，这为培养使命感创造了条件。

企业管理者要相信，员工是否有使命感，是员工仅仅作为打工者或者从心里觉得自己是企业的一员的重要区别。如果员工关心企业的发展，但管理者不给予他参与的机会，他自然会疏远企业，企业对他而言只是个打工赚钱的地方。

因此，作为公司的管理者，你应该关心、体贴员工，尽力为他们做一些实实在在的事情，让员工能感受到公司对他的关心，使他感到自己是公司这个大家庭中的一员，使员工看到自己在企业中的地位和作用，这样的员工才能全身心地投入到工作中去，更主动地关心公司的发展情况，使员工产生归属感。这样员工就会把公司的事情看作自己分内的事，就会觉得自己应该负起一定的责任，而使命感也就在这潜移默化中悄悄地植根于员工的心中了。

一些管理者谈到使命感这个词时，会觉得太过言重了。其实使命感才是促使员工们勤奋工作的最强的动力。如果有的员工对公司没有一种使命感，那么在公司面临困境的时候，又如何能指望他们与企业同舟共济、共渡难关呢？

智慧锦囊

员工有了归属感，就会把公司的事情看作自己分内的事，就会觉得自己应该负起一定的责任，而使命感也就在这潜移默化中悄悄地植根于员工的心中了。